via reise

Ulrike Wiebrecht

44 l(i)ebenswerte Orte in Brandenburg

Wo es viel Neues zu entdecken gibt

Inhalt

Neue Formen des Lebens und Arbeitens beleben den ländlichen Raum

Brandenburg kommt!

Wunderbare Herrenhäuser, alte Klöster, stille Seen, Baumalleen und altehrwürdige Parkanlagen: Wer zum ersten Mal nach Brandenburg kommt, möchte meist solche touristischen Highlights kennenlernen. An Sehnsuchtsorten wie Kloster Chorin oder Schloss Rheinsberg seine Landlust ausleben. Doch wie lebt es sich eigentlich an diesen Orten? Wie geht es den Menschen in den Dörfern oder Kleinstädten, die sich nach der Wende herausgeputzt haben, wo die Straßen außerhalb der Saison aber oft leergefegt, die Ausflugslokale geschlossen sind und Arbeitskräfte fehlen? Und wie gestaltet sich das Zusammenleben mit Zugezogenen?

Solche Fragen haben mich auf meinen Fahrten, Radtouren oder Wanderungen durch Brandenburg zunehmend bewegt. Ich habe versucht herauszufinden, was Lebensqualität im ländlichen Raum ausmacht, wo es sich gut, wo weniger gut leben lässt. Und wer oder was zu einem guten Zusammenleben beiträgt, auch wenn die Rahmenbedingungen in Sachen Mobilität, Digitalisierung oder Gesundheitsvorsorge vielleicht nicht die besten sind.

Dabei konnte ich beobachten, dass in Brandenburg viel mehr kreatives Potenzial steckt, als es den Anschein hat. Es gibt unzählige Initiativen, Vereine, Projekte, Ehrenamtliche, Raumpioniere oder Dorfhelden, die sich für die verschiedensten Belange engagieren. Ob sie einen alten Bahnhof oder maroden Dorfkonsum in einen lebendigen Treffpunkt verwandeln, Co-Working-Spaces in alten Dorfschulen und Fabrikhallen einrichten oder ExistenzgründerInnen und Start-Ups bei der Vernetzung helfen. Hier und da verwirklichen Genossenschaften die Vision von einem solidarischen Mehrgenerationenleben, ein Dorf schafft es sogar immer wieder, Opern im ehemaligen Schweinestall aufzuführen.

Tatsächlich sind es solche Entdeckungen, die neben den sonstigen Sehenswürdigkeiten bleibende Erinnerungen hinterlassen. Sie zeigen, dass Brandenburg ein riesiges Experimentierfeld ist, ein Labor, das neue Formen des Wohnens und Arbeitens erprobt und sich damit völlig neu erfindet. Ansatzweise gab es dergleichen schon vor rund 120 Jahren, als viele Großstädter der Industriemetropole Berlin den Rücken kehrten und im Zuge der Lebensreformbewegung Projekte wie die Obstbausiedlung Eden in Angriff nahmen. Die jetzige Entwicklung wurde sicherlich durch die Corona-Pandemie beflügelt. So viel sei jedenfalls versprochen: Es lohnt, sich auf den Weg zu machen und einen Blick hinter schöne und weniger schöne Kulissen zu werfen!

Ulrike Wiebrecht

1 Angermünde

Aufbruch am Mündesee

Wenn man heute auf dem herausgeputzten Marktplatz steht, mag man kaum glauben, dass Angermünde nach der Wende als eine der Städte mit der geringsten Lebensqualität Deutschlands galt.

Im denkmalgeschützten Zentrum von Angermünde empfängt einen ein charmantes Ensemble renovierter Fachwerkhäuser, deren Fassadenanstriche einem gut durchdachten Farbkonzept folgen. Herzstück ist der große **Markt** mit dem spätbarocken Rathaus und dem Brunnen des ortsansässigen Künstlers Christian Uhlig, dessen skurrile Figuren immer wieder für Gesprächsstoff sorgen.

Überragt wird die Altstadt von der wehrhaften **St. Marien-Kirche** aus dem 13. Jahrhundert mit einem 53 Meter hohen Turm. Im Innern birgt die dreischiffige Halle eine barocke Wagner-Orgel und eine mittelalterliche Schatztruhe. Von hier sind es nur ein paar Schritte zum Ufer des **Mündesees,** gesäumt von Skulpturen aus Findlingen. Auf der anderen Seite der Altstadt, nahe an der Stadtmauer mit dem mächtigen Pulverturm, hat die gotische **Franziskaner-Klosterkirche** überdauert, die sich als Kulturstätte etabliert hat. Ein weiterer sehenswerter Sakralbau ist die kleine **Heilig-Geist-Kapelle** aus dem 15. Jahrhundert im Stil der Backsteingotik, die das Relikt eines früheren Spitals an der Berliner Straße ist.

Neues Leben in alten Mauern

Eine der neueren Errungenschaften im Ort ist das **Haus Uckermark** mit Museum und Veranstaltungsräumen in einem über 300 Jahre alten ehemaligen Gasthaus am Steinweg. Unter seinem Dach vereint es ein Museum, eine Bibliothek und

Bahn

- RE3, alle 60 Min., ca. 60 Min. ab Berlin Hbf

Fahrradrouten

- Fernradweg Berlin-Usedom
- Uckermärkischer Radrundweg
- Radroute Historische Stadtkerne

Nicht verpassen

- Im Fahrradladen Fuchs und Hase vorzüglichen Kaffee trinken
  Berliner Str. 58
- den Mündesee umwandern
- einen Abstecher zum Naturerlebniszentrum Blumberger Mühle machen

Der skurrile Marktbrunnen im Dialog mit dem spätbarocken Rathaus

Was tut sich hier?

Haus mit Zukunft

Das geschickte Leerstandsmanagement von Angermünde hat unter anderem das Projekt Haus mit Zukunft hervorgebracht, das eine ehemalige Kindertagesstätte auf vielfältige kreative Art nachnutzt. In Zusammenarbeit mit der Hochschule für nachhaltige Entwicklung Eberswalde und der Gründungswerkstatt Stadt Land Oder wurden Raumstipendien an verschiedene Kunst-und Kulturschaffende, HandwerkerInnen und andere Selbständige vergeben, die zwei Jahre lang das stattliche Gebäude als Ateliers, Büros oder Bewegungsräume nutzen können und die Stadtgesellschaft nicht nur zu Ausstellungen, sondern auch zu Yoga-, Aikido- oder Nähkursen einladen.

www.hausmitzukunft.info

Taubenblau in Stolzenhagen

Seminare, Kreativworkshops oder Yoga-Retreats rund um das Örtchen Stolzenhagen am Oderkanal: Aus dem früheren Konsum im Dorfzentrum ist das Seminarhaus Taubenblau geworden, aus dem einstigen Speicher auf dem Gut Stolzenhagen ein Gästehaus mit Studios. In der Nachbarschaft ist der Schwesterverein Ponderosa e. V. untergekommen, der hauptsächlich Tanzworkshops anbietet. Gemeinsam wohnen und arbeiten kann man im ehemaligen Pferdestall, in dem sich das Gästehaus Terezas mit Co-Working-Bereichen und Gemeinschaftsküche eingerichtet hat.

www.seminarhausbrandenburg.de
www.ponderosa-dance.de
www.terezas.de

die Touristinformation. Ein Stück weiter, am Schlosswall, hat sich mit der Alten Mälzerei ein denkmalgeschütztes Brauereigebäude in einen imposanten Ort für barrierefreies Wohnen entwickelt.

Neue Impulse gehen inzwischen auch vom Projekt **Haus mit Zukunft** aus, das Raumstipendien an Kreative vergibt. Während an mehreren Orten der Stadt im Rahmen eines Pilotprojekts Mitfahrbänke smartes Trampen ermöglichen, bastelt die Stadt an einem neuen Radwegekonzept, das mithilfe von Bike-Sharing und Lastenrädern die Mobilität in der Region verbessern soll.

Naturerlebniszentrum Blumberger Mühle

Etwa 4,5 Kilometer nordwestlich von Angermünde macht das Naturerlebniszentrum Blumberger Mühle des Naturschutzbunds Deutschland (NABU) ein besonders schönes Stück Natur mit mehreren Teichen zugänglich. Das Hauptinformationszentrum des Biosphärenreservats Schorfheide-Chorin bringt einem auf liebevoll angelegten Lehrpfaden mit Aussichtsplätzen rund um die Blumberger Fischteiche die Besonderheiten dieser einzigartigen Naturlandschaft nahe. Die Ausstellungen im Hauptgebäude sind sehenswert, dort gibt es auch ein schönes Café-Restaurant.

www.blumberger-muehle.nabu

Skulpturen aus Findlingen machen das Ufer des Mündesees zum Kunstparcours

Stolpe mit Kulturkapelle und Kulturpark

Etwa 16 Kilometer vom Zentrum von Angermünde entfernt – und auf einem Fahrradweg gut zu erreichen – liegt im Nationalpark Unteres Odertal der idyllische Ortsteil Stolpe. Wahrzeichen der Naturparkgemeinde ist der sogenannte Grützpott, der Stolper Turm, ein imposantes Relikt aus dem 12. Jahrhundert, das begehbar ist und eine schöne Aussicht auf die Oderlandschaft bietet.

Erhalten hat sich auch ein Schloss, in dem heute eine Einrichtung der Jugendhilfe untergebracht ist sowie die hübsche Kapelle auf dem Friedhof des Örtchens, die dank des Vereins Kulturkapelle Stolpe e. V. nach und nach restauriert wurde und als **Kulturkapelle** mit Konzerten und anderen Events bespielt wird.

Ein sehr viel größeres Betätigungsfeld ist das ehemalige **Betonwerk,** das sich nach und nach in einen Kulturpark mit post-DDR-Charme, Mehrzweckhalle, Bed & Bike-Hotel, Werkstätten und einem Green Campus verwandeln soll.

www.kulturkapelle.wordpress.com
www.kulturparkstolpe.de

2

Bad Belzig

Aus dem Dornröschenschlaf erwacht

Wenn man von der Burg auf die beschauliche rote Dächerlandschaft von Bad Belzig hinunterblickt, sieht es aus, als würde das tausendjährige Städtchen im Dornröschenschlaf schlummern. Dabei befindet sich die Kleinstadt mitten im Aufbruch. Es fing damit an, dass sie sich 2002 mit ihrer **Steintherme** zum Kurort mauserte. Eine weitere Attraktion für Besucher wie Einheimische sind die originellen **Kunstwanderwege** nach Wiesenburg.

997 erstmals urkundlich erwähnt und im 12. Jahrhundert von Flamen besiedelt, erhielt Bad Belzig 1702 Stadtrecht. Im historischen Zentrum reihen sich schöne Bürgerhäuser aus früheren Jahrhunderten aneinander, dazwischen laden Sitznischen aus Sandstein zum Verweilen ein. Schön anzusehen sind auch der Markt mit dem 1991 neu aufgebauten Rathaus im Renaissancestil und der Kirchplatz, an dem die spätromanische Stadtkirche St. Marien mit markanter Turmhaube und Papeniusorgel aus dem 18. Jahrhundert steht.

Eine besondere Perle ist das **Reißiger-Haus** im Fachwerkstil, das Geburtshaus des Komponisten Carl Gottlieb Reißiger. Etwas abseits vom Zentrum, nahe am Bahnhof, versteckt sich das **Roger-Loewig-Haus** mit einer Dauerausstellung über den Maler, Zeichner und Dichter Roger Loewig, der hier bis 1972 wohnte.

Beim **Belziger Altstadtsommer,** der am letzten Augustwochenende stattfindet, kann man einen Blick in allerlei schöne Höfe werfen und dabei Konzerten lauschen oder Mittelalter-Spektakeln beiwohnen.

Bahn

- RE7, stündlich, ca. 65 Min. ab Berlin Hbf

Fahrradrouten

- Tour Brandenburg
- Europaradweg R1

Nicht verpassen

- Die Burg Eisenhardt erobern und in der Chocolaterie die echte Trinkschokolade kosten

  www.burgeisenhardt.de

- Bier- und Eisspezialitäten im familienbetriebenen Burgbräuhaus genießen

  Bahnhofstraße 16 | www.eiscafe-bad-belzig.de

Bad Belzigs wehrhafte Seite: Burg Eisenhardt

In jüngster Zeit hat sich ein ehemaliges Schulgebäude an der Weitzgrunder Straße in das Kulturzentrum Bad Belzig verwandelt. Es vereint Stadtbibliothek, Jugendtreff, eine Kreativwerkstatt der AWO und einen Veranstaltungsort für diverse Künstlergruppen unter einem Dach.

Burg Eisenhardt

Mit Ringmauer und Rundtürmen thront sie hoch über dem Städtchen und bietet ein fantastisches Panorama. Hart gegen Eisen sollte sie sein, wurde aber ebenso hart umkämpft und im Dreißigjährigen Krieg zerstört. Später baute man die trutzige Festung wieder auf. Von der alten Burganlage hat sich einzig der 24 Meter hohe, Butterturm genannte Bergfried aus Granitquadern erhalten. Sein Untergeschoss diente einst als Verließ, heute kann man zum Glück von oben die schöne Aussicht genießen. Im Burginneren sind die Stadtbibliothek und das **Heimatmuseum** untergekommen, in dem ein Diorama die Schlacht bei Hagelberg 1813 gegen Napoleon nachstellt. Im Torhaus mit spätgotischem Zellengewölbe ist indessen Platz für Ausstellungen des Kunstvereins Hoher Fläming.

Im Coconat finden digitale Nomaden Inspiration im Grünen

Was tut sich hier?

Kleinkunst im historischen Elektrizitätswerk

Besonders charmant ist das KleinKunst-Werk KKW, ein Theater im ehemaligen Elektrizitätswerk im Mühlenhölzchen am Belziger Bach. 1909 errichtet, wurde das imposante Ensemble aus Maschinenhalle und Direktorenwohnhaus bis 2004 von Stromanbietern und einer Autowerkstatt genutzt. Danach stand es leer, bis eine Berlinerin das alte Industriedenkmal 2013 kaufte und mit Hilfe von benachbarten Handwerksbetrieben aus dem Industriebau eine beliebte Bühne für Theater, Kabarett und Musik machte.

www.kleinkunstwerk-belzig.de

Coconat – Arbeiten und Leben auf dem Land

Längst ist es Vorbild für andere Orte geworden – das preisgekrönte Vorzeigeprojekt im alten Gutshof Klein Glien, gut 5 Kilometer westlich von Bad Belzig. Im Co-Working-Space können Einzelne oder Gruppen konzentriert arbeiten. Zwischendurch tauschen sich die digitalen Nomaden beim gemeinsamen Essen, am Lagerfeuer oder in der Sauna aus, bei Bedarf kann man in Holzzimmern oder Glamping-Zelten übernachten. Über den Verein Smart Village e. V. sind sie mit lokalen Akteuren vernetzt.

www.coconat-space.com

3 Bad Freienwalde

Zwischen Barnim und Oderbruch

Bad Freienwalde liegt zwar am Rand des flachen Oderbruchs, ist aber in eine erstaunlich hügelige Waldlandschaft eingebettet und besitzt sogar eine Skisprungschanze. Neben dem Ausflugstourismus lebt Brandenburgs ältester Kurort in erster Linie von seinem Moorheilbad.

Die Altstadt

Herzstück ist der dreieckige Marktplatz mit der mehr als hundert Jahre alten Kaisereiche. Hier stehen die Stadtkirche **St. Nikolai** und das spätklassizistische Rathaus. Ein Stück weiter blättert hinter der schönen Barockfassade des sogenannten Adligen Freihauses von 1774 das **Oderlandmuseum** die Entwicklung des Kurorts auf. Weiter südlich sticht die mehr als drei Jahrhunderte alte Georgenkirche im Fachwerkstil ins Auge, in der Konzerte des Oberbarnimer Kulturvereins stattfinden. Ein weiterer stilvoller Veranstaltungsort ist das **Hof-Theater** in einem der Innenhöfe der Königstraße. Im Festsaal des früheren Hotels „Drei Kronen“ hat sich eine Kleinkunstbühne mit sehenswertem Theater, Musicals und Kabarett etabliert.

Die Kurstadt

Über die Gesundbrunnenstraße erreicht man von der Altstadt aus den Kurbezirk, der seine Entstehung dem dortigen Quellwasser verdankt. Nachdem ein ortsansässiger Apotheker 1683 dessen Heilkraft entdeckte, ließ der gichtkranke Kurfürst Friedrich Wilhelm rund um den Gesundbrunnen einen Kurbetrieb aufbauen. Dafür errichtete Carl Gotthard Langhans 1790 das histo-

Bahn

- RE 3 und RB 60 über Eberswalde, alle 60 Min., ca. 70 Min. ab Berlin Hbf

Fahrradrouten

- Tour Brandenburg
- Radroute Historische Stadtkerne

Café Blaue Zwiebel

Am Ufer des Papenteichs lädt das Café mit nostalgischem Holzpavillon ein. Es gibt hausgemachten Kuchen, Eis und regionale Spezialitäten, mitunter zu den Klängen von Klaviermusik.

Gesundbrunnenstraße 32a | www.cafe-blaue-zwiebel.de

Rund um die gotische Nikolaikirche könnte die Stadt mehr junges Leben vertragen

rische **Badehaus** als Logierhaus für adelige Gäste, 1875 gesellte sich das Kurhaus dazu, aus dem inzwischen eine Fachklinik für Orthopädie geworden ist.

Gartenarchitekt Peter Joseph Lenné verwandelte die Umgebung Ende des 18. Jahrhunderts in einen gefälligen Kurpark. Darin hat auch das **Schloss** überdauert, das David Gilly um 1799 als Sommersitz für Königin Friederike erbaute. Zuvor hatte sie das benachbarte, hübsche **Teehäuschen** bewohnt, das heute für Veranstaltungen genutzt wird.

Um 1909 bezog der Industrielle, Sozialphilosoph und spätere Außenminister der Weimarer Republik Walther Rathenau das Schloss. An den weitsichtigen Politiker, der 1922 von rechtsgerichteten Verschwörern ermordet wurde, erinnert heute eine Gedenkstätte in der oberen Schlossetage.

Oderbruchmuseum

Kein angestaubtes Museum mit Exponaten hinter Glas, sondern eine lebendige Werkstatt für ländliche Kultur ist das Oderbruchmuseum Altranft südöstlich von Bad Freienwalde. Aus einem Freilichtmuseum rund um das dortige Schloss entstanden, führen Talk Walks durch das Gutsgelände mit reetgedecktem Landarbeiterhaus, Dorfschmiede und Patronatskirche und bringen einem das spezielle Wassersystem des Oderbruchs näher. Bei Mal- oder Druck-Werkstätten können sich auch Kinder und Jugendliche mit alten Kulturtechniken vertraut machen.

www.oderbruchmuseum.de

Hier und heute

Doch die Stadt hat mit Überalterung und Abwanderung zu kämpfen. Dem Leerstand versucht unter anderen ein Gemeinschaftswohnprojekt auf einem alten Gutshof zu begegnen, das von CoHousing Berlin betrieben wird. Ein weiteres Beispiel für die erfolgreiche Nutzung vorhandener Potenziale ist das **Offi:** Aus einem ehemaligen Offizierskasino der Wehrmacht von 1936 wurde ein Jugend-, Bürger- und Bildungszentrum, das mit Konzerten, Kabarett oder Ausstellungen das Stadtleben bereichert. Inzwischen hat sich auch ein Co-Working-Space im Alten Finanzamt in der Wriezener Straße etabliert.

Schiffmühle und die Umgebung

Die reizvolle Umgebung Bad Freienwaldes erschließt sich vor allem beim Wandern und von einem der Aussichtspunkte aus. Ob Bismarckturm, Eulenturm, Galgenberg oder Skisprungschanze – das Panorama ist beeindruckend. Besonders liebenswert ist auch der Ortsteil Schiffmühle an der Alten Oder. Hier erzählt das **Fontanehaus** von der Zeit, als Henri Fontane, der Vater von Theodor Fontane, hier seine letzten Lebensjahre zubrachte. Inzwischen lädt in dem Fachwerkgebäude das Heimatmuseum mit idyllischem Garten und Café zum Verweilen ein. In den Dörfern der näheren oder weiteren Umgebung haben sich im Übrigen viele Künstler angesiedelt, die jeweils zu Pfingsten bei den **Kunst-Loosen-Tagen** ihre Ateliers für Besucher öffnen.

Was tut sich hier?

Oper auf Wanderschaft

Opern hat nicht nur die Hauptstadt zu bieten. Damit auch der ländliche Raum in den Genuss der „Zauberflöte“ oder des „Wildschütz“ kommt, macht sich seit 2001 die Wanderoper Bad Freienwalde auf den Weg in die entlegensten Winkel Brandenburgs. Das Projekt hob der pensionierte Opernregisseur und Theaterwissenschaftler Arnold Schrem mit seinem Verein für kulturelle Bildung e. V. aus der Taufe. Seitdem hat die Wanderoper mit ihrem ehrgeizigen Programm weit über hundert Aufführungen mit mehr als 30 000 ZuschauerInnen gestemmt.

www.wanderoper.de

Pop und Rock im Village Kulturlabor

Ausgehend von der Beobachtung, dass es zwar viele Künstler und Musiker ins Oderbruch zieht, es aber nur wenig Kulturförderung in der Region gibt, setzen sich die zum Teil ehrenamtlichen Mitglieder des Vereins Village Kulturlabor e. V. dafür ein, dass junge Musiker und Bands Proberäume und Auftrittsmöglichkeiten bekommen. Vor allem im Bereich Pop und Rock werden Konzerte im Offi, dem ehemaligen Offizierskasino in Bad Freienwalde, und auf anderen Bühnen der Umgebung organisiert. Darüber hinaus geht es um die überregionale Vernetzung der Musiker mit anderen Kulturinstitutionen.

www.village-kulturlabor.de

Bis heute in Betrieb: das Kurmittelhaus des Moorheilbads

4 Bad Saarow

Inspirationen am Märkischen Meer

Zwischen Kiefernwäldern und Heidelandschaft am Ufer des Scharmützelsees liegt Bad Saarow, einer der beliebtesten Ferienorte Brandenburgs. Dank der Natursole aus der Catharinenquelle, der **SaarowTherme** und anderen Kureinrichtungen ist das Städtchen anerkanntes Sole- und Moorheilbad. Entsprechend groß ist das Angebot an Unterkünften von Wellnessbetrieben über ein Velotel für Fahrradfahrer bis zum originellen Hotel im ehemaligen Wasserwerk. Dazu gesellen sich eine Anlegestelle für Ausflugsdampfer, eine Marina mit Bootsverleih, eine Jachtakademie und vier Golfplätze.

Kurort mit mondänem Flair

Die Entwicklung des Fischerdorfes zum Kurort begann Anfang des 20. Jahrhunderts, als hier nach Plänen des Gartenarchitekten Ludwig Lesser eine Landhaussiedlung entstand. Die schöne Lage zog schon bald weitere betuchte Großstädter an. Immer größere und verspieltere Villen entstanden, umgeben von Parkanlagen und Uferwegen. Später sorgten ein Sanatorium, eine Seebadeanstalt und der Bahnhof mit Anbindung nach Berlin für Aufschwung, der 1927 in der Erschließung der Chlor-Kalzium-Solequelle gipfelte. Viele Prominente, vom Schriftsteller Maxim Gorki bis zu Stars der Stummfilmzeit erholten sich hier. Noch heute zeugen einige stolze Villen und das historische Bahnhofsgebäude vom Glanz jener Zeit.

Nach dem Zweiten Weltkrieg besetzte die Rote Armee das Gelände. Erst nach deren Abzug 1994 konnte sich Bad Saarow als staatlich anerkannter Kurort neu erfinden

Bahn

- RE 1 und RB 35 über Fürstenwalde, alle 60. Min., ca. 65 Min. ab Berlin Hbf

Fahrradrouten

- Radroute Adler trifft Zander

Nicht verpassen

- Sich im Parkcafé mit Theater am See gut unterhalten lassen

  www.restaurant-park-cafe.de

- Bei Verkostungen der Kaffeerösterei die Geschmacksnerven schulen

  Seestraße 2a | www.kaffeeroesterei-badsaarow.de

Ohne den Förderverein Bad Saarow sähe der Bahnhof anders aus

Typisch für die verspielten Sommerresidenzen: das Tonnenhaus von Bad Saarow

und ist heute mit seiner Therme, dem Seebad und begrünten Uferbereichen attraktiver denn je.

Doch neben der touristischen Ausrichtung überrascht der Kurort mit dem einen oder anderen kulturellen Leuchtturm. Dazu gehören das Theater am See oder Brandenburgs erstes Musikermuseum. Das SaarowCentrum im historischen Moorgebäude mit Bibliothek, Kunstwerkstatt und Literaturkabinett widmet sich Saarower Literaten wie Johannes R. Becher oder Maxim Gorki. Und im Herbst geht ein internationales Filmfestival über die Leinwand.

Engagierte Bürger

Ohne den Förderverein Bad Saarow hätte der Kurort wahrscheinlich ein anderes Gesicht. Indem er den historischen Bahnhof restaurierte und den Fontane-Literaturpark am östlichen Seeufer anlegte, machte er sich um das Ortsbild verdient. Ebenso wurden Spuren jüdischen Lebens mit Stolpersteinen sichtbar gemacht. Darüber hinaus organisiert der Verein Ausstellungen zu historischen Persönlichkeiten und den Kultursommer am Märkischen Meer, wobei er auch mit der Scharwenka Stiftung und dem Verein KUNSTRaum e. V. kooperiert.

Nicht nur der Scharmützelsee sorgt für Lebensqualität im Kurort

Musikermuseum im Scharwenkahaus

Das kulturelle Erbe des Komponisten, Solisten und Musikpädagogen Xaver Scharwenka sowie dessen Bruder Philipp und Sohn Walter pflegt die gemeinnützige Scharwenka Stiftung. Im denkmalgeschützten, inzwischen rekonstruierten Haus, das Xaver Scharwenka 1910 in der Moorstraße 3 errichten ließ, werden nicht nur Notendrucke, Schriftwechsel der Künstler und Konzertaufnahmen archiviert. Brandenburgs erstes Musikermuseum lädt auch zusammen mit dem Verein KUNSTRaum e. V. zu Ausstellungen zeitgenössischer Künstler ein.

www.scharwenkahaus.de

Filmfestival mit humanitärer Mission

Ambitioniert ist die Tätigkeit des Vereins Film ohne Grenzen e. V., der seit 2013 das gleichnamige internationale Filmfestival auf die Beine stellt. Auf dem idyllisch gelegenen Eibenhof loten Dokumentar-, Spiel- und Kurzfilme die Möglichkeiten und Chancen des menschlichen Zusammenlebens aus. Gespräche mit Schauspielern, Regisseuren und Produzenten runden die Vorführungen ab. Einen hohen Stellenwert hat dabei das Jugendprogramm, das Brandenburger Schüler einlädt, sich in Workshops mit Fragen von Humanität und Solidarität auseinanderzusetzen.

www.filmohnegrenzen.de

5 Baruth

Wein aus dem Urstromtal

Im Zweiten Weltkrieg fast zu achtzig Prozent zerstört, sieht das Städtchen auf den ersten Blick nicht unbedingt wie ein Bilderbuchort aus. Doch eingebettet ins waldreiche Baruther Urstromtal bietet es viel Potenzial.

Das Alte Schloss

Direkt an der Hauptstraße reihen sich Baruths Sehenswürdigkeiten aneinander. Auf der einen Seite hat das sogenannte Alte Schloss von 1518 inmitten eines von Peter Joseph Lenné gestalteten Landschaftsparks überdauert. Es ist Überbleibsel einer wesentlich größeren Vierseitanlage, die wiederum aus einer mittelalterlichen Burg hervorging, nachdem die Familie Solms-Sonnenwalde den Ort übernommen hatte. Im Volksmund wird es auch Frauenhaus genannt – möglicherweise, weil hier einst die unverheirateten Damen der Fürstenfamilie unterkamen. Nach dem Zweiten Weltkrieg wurde das Alte Schloss Zufluchtsort für Flüchtlinge, später Kino. Inzwischen ist das freundliche, helle Gebäude rundum saniert. Mit Festsaal, Tulpensaal und Fachwerkraum wird es von der Touristinformation und für vielfältige Veranstaltungen genutzt, während die Nachbargebäude noch ihrer Bestimmung harren.

Rings um die St. Sebastian-Kirche

Auf der anderen Straßenseite, wo die barocke Postmeilensäule von 1730 steht, öffnet sich die Hauptstraße zum Walther-Rathenau-Platz. Umringt von einigen schön restaurierten Häusern behauptet sich hier die mächtige **St. Sebastian-Kirche.**

Bahn

- RE 5, jede Std.,
  ca. 70 Min. ab Berlin Hbf

Fahrradrouten

- Flämingskate

Nicht verpassen

- Im Museumsdorf Glashütte Handwerkern über die Schulter schauen
  www.museumsdorf-glashuette.de
- Im Café vom Bahnhof Klasdorf Jazz hören oder tanzen
  www.bahnhof-klasdorf.de
- Beim Weinbergfest im September mitfeiern

Im Gegensatz zu den Türmen der Sebastiankirche hat Baruth nichts Einschüchterndes

Was tut sich hier?

Innovative Alte Schule

Wo bis 1996 Kinder die Schulbank drückten, hat sich schon vor vielen Jahren ein Kunst- und Kulturverein eingerichtet. Inzwischen setzt sich der Verein Brik – Baruther Raum für Innovationskultur e. V. – dafür ein, Kultur, Leben und Arbeiten auf dem Land nachhaltiger zu gestalten. Rund um einen Co-Working-Space können sich Anwohner und digitale Nomaden austauschen. Zudem bietet die ehemalige Turnhalle Raum für Ausstellungen, Seminare und Theateraufführungen. Während unter dem Dach Menschen aus aller Welt zum temporären Wohnen willkommen sind, steht Interessierten im Souterrain eine Werkstatt für generationenübergreifende Aktivitäten offen.

www.brik.land

Preisgekrönte Tropfen vom Weinberg

Ein Projekt des Institut zur Entwicklung des ländlichen Kulturraums e. V. (I-ku) ist der Weinberg auf dem Baruther Mühlenberg. Da der Weinanbau in Brandenburg mittlerweile vom Klimawandel profitiert, gedeihen hier seit 2007 die pilzresistenten Neuzüchtungen Helios, Johanniter, Solaris und Muscaris in ökologischer Bewirtschaftung. Allen Skeptikern zum Trotz gelang es den Hobby-Winzern, jährlich um die 4 000 Liter Weißwein herzustellen. Darunter so Trinkbare, dass sie von der Berliner Weintrophy mit Silbermedaillen ausgezeichnet wurden. Darauf wird beim Weinbergfest am ersten Samstag im September gebührend angestoßen.

www.i-ku.net

Im Innern der gotischen Hallenkirche aus dem 16./17. Jahrhundert stechen vor allem der Barockaltar und Bildnisse des Stifters Johann Georg zu Solms-Laubach und seiner Frau Eleonore ins Auge. Sonntags kann man noch einen Blick in das kleine Heimatmuseum am Ernst-Thälmann-Platz werfen, das einem die Wohnkultur des einstigen Residenzstädtchens vor Augen führt.

Der Zukunft zugewandt

Etliche Menschen in den zwölf Ortsteilen bemühen sich um die Verbesserung der Attraktivität von Baruth und die Steigerung der Lebensqualität. Bei Bürgerdialogen und Schlossgesprächen werden regelmäßig Utopien und Machbares ausgelotet. Zu den Zukunftsprojekten gehört unter anderem ein Gesundheitszentrum in der alten Post. Im Nachbardorf Klasdorf wurde bereits der denkmalgeschützte Bahnhof mit einem Café und kleinem Kulturzentrum wiederbelebt. Außerdem öffnet sich der Kulturhof Klasdorf für Musiker und kulturaffine Gäste. Und so klein die Gemeinde mit ihren 4500 Einwohnern ist – mit ihrer Agenda 2030 bekennt sie sich zu den siebzehn Nachhaltigkeitszielen der Vereinten Nationen.

Museumsreif: die Häuser von Glashütte

Museumsdorf Glashütte

Zu einer Reise in die Zeit um 1715 lädt das Museumsdorf Glashütte südöstlich von Baruth ein. Im denkmalgeschützten Häuserensemble wird die Geschichte der Glasbläserei lebendig. Man kann Künstlern über die Schultern schauen und sich selbst im Blasen einer Glaskugel versuchen. Dazu gesellen sich Handwerksbetriebe wie die Töpferei und die SeiFee Uta Winter, die Seife aus vegetarischen Naturprodukten zaubert. Rundum satt und glücklich wird man in den umliegenden Cafés, dem Weinsalon oder dem kultverdächtigen Gasthof Reuner.

Kaffee und Kuchen, Tango und Jazz im Bahnhof Klasdorf

Als 1906 die Berlin-Dresdener Bahn zweispurig und die Wärterbude zu klein wurde, entstand das heutige Bahnhofsgebäude aus Ziegelstein mit Empfangshalle und Güterschuppen. In diesem schönen Rahmen bewirtet heute ein **Café** seine Gäste in der Sommersaison mit hausgemachtem Kuchen oder leckeren Schmalzstullen. Außerdem lädt es regelmäßig zum Jazzexpress, zu Spazierkonzerten, in den Tangowaggon oder zum Erzählcafé ein. Die Initiative geht vom Verein Jazz und mehr e. V. aus, den die Musikerin Petra Liesenfeld gegründet hat.

www.bahnhof-klasdorf.de

6 Beelitz

Spargelstadt mit Zuwachs

Schon bevor Beelitz mit der **Landesgartenschau 2022** zu seinem „Gartenfest für die Sinne“ einlud, machte es mit seinem weitgehend sanierten historischen Stadtkern einen adretten Eindruck. Im Zentrum des tausendjährigen Ackerbürgerstädtchens reihen sich denkmalgeschützte Häuser aneinander, viele davon im Fachwerkstil oder mit freundlichen Putzfassaden. Mittendrin erhebt sich die Pfarrkirche St. Marien. Besondere Perle ist die Alte Posthalterei: 1789 im Stil des spätbarocken Klassizismus errichtet, beherbergt das Gebäude ein schön gestaltetes Postmuseum, der Hof gibt die stimmungsvolle Kulisse für das jährlich Anfang Juni stattfindende Spargelfest ab.

Mit dem Verein Beelitzer Spargel e. V. hat die Stadt ein kleines Spargelmuseum in einer Remise an der Mauerstraße gestaltet, das die Geschichte des „weißen Goldes“ erzählt.

Südlich vom Zentrum hat die Landesgartenschau der Stadt durch die **Renaturierung der Nieplitz** zusätzliche Lebensqualität beschert. Die ehemals öden Uferbereiche des Flüsschens wurden zur Parklandschaft, auf dem Areal des alten Klärwerks entstand eine originelle **Naturbühne** für Konzerte, Theater und die Beelitzer Festspiele im Sommer.

Beelitz Heilstätten

Im nördlichen Ortsteil Beelitz-Heilstätten hatte die Berliner Landesversicherungsanstalt zwischen 1898 und 1930 nach modernsten Gesichtspunkten ein Sanatorium für die Tuberkulosekranken der aufstrebenden Industriemetropole errichtet. Zu lichtdurchfluteten Klinikgebäuden im alpenländischen Stil gesellten sich Wirtschaftsgebäude wie das zentrale Küchen- oder das Heizhaus, das mit Kraft-Wärme-Kopp-

Bahn

- RE 7 stündlich nach Beelitz-Heilstätten, ca. 40 Min. ab Berlin Hbf

Fahrradrouten

- Europaradweg R1

Nicht verpassen

- In der Spargelzeit auf einem der Höfe an der Spargelstraße essen
  www.beelitzer-spargelverein.de
- Auf dem Baumkronenpfad duch die zugewucherten Ruinen wandeln
  www.baumundzeit.de

Damit auch jeder versteht, dass Beelitz Spargelstadt ist …

Von der Natur überwuchert: die wegweisenden Bauten von Beelitz-Heilstätten

lung betrieben wurde. Das Gelände ist schon lange verfallen, die Ruinen des einstigen Sanatoriums im Kiefernwald galten als Lost Place. Inzwischen werden einige Gebäude wieder von Fachkliniken genutzt, vor allem aber wurde das Gelände unter der Bezeichnung Baum & Zeit mit einem wunderbaren **Baumkronenpfad** und sehr guten Führungen erschlossen. Direkt daneben lassen sich in einem weitläufigen **Barfußpfad** die müden Füße mobilisieren.

Neuer Stadtteil

Doch damit nicht genug. Rund um das verfallene Sanatoriumsgelände im Ortsteil Beelitz-Heilstätten entsteht derzeit ein völlig neues Stadtquartier mit Miet- und Eigentumswohnungen, Einfamilienhäusern, Schulen, Kindergärten und weiterer Infrastruktur für mehr als 4000 Menschen. Das ehemalige Männersanatorium ist bereits regelmäßig Kulisse für Ausstellungen, Konzerte und Partys, während im Ortsteil Buchholz an einem Musik-Dorfgemeinschaftshaus gearbeitet wird.

Gleichzeitig bewirbt sich die Stadt um den Titel „Fairtrade Town“, um alle Beteiligten der Wertschöpfungskette am wirtschaftlichen Gewinn zu beteiligen.

Kein Spazierweg wie jeder andere: der Baumkronenpfad durch die Ruinenlandschaft

Was tut sich hier?

Landvisionen für soziales Miteinander

2019 wurde auf dem Gelände der Heilstätten das Social Impact Lab Beelitz Heilstätten, eine Art Kompetenzzentrum für sozial-unternehmerische Innovationen auf dem Land eröffnet. Es berät GründerInnen, DorfentwicklerInnen und andere und bietet eine Lernplattform und Workshops an. 2020 wurde zudem das Projekt Landvisionen ins Leben gerufen. Ziel ist, die verschiedenen Projekte und Initiativen in der Region zu begleiten, um die Entwicklung im ländlichen Raum sozialverträglich zu gestalten.

www.landvisionen.de
https://beelitz.socialimpactlab.eu

Blühstreifen Beelitz

Im Ortsteil Buchholz setzt sich der Verein Blühstreifen Beelitz e. V., der auch an der Laga mitgewirkt hat, zusammen mit der Stadt Beelitz und dem Naturpark Nuthe-Nieplitz für die Förderung von Blühflächen zur Rettung der Artenvielfalt, insbesondere von Bienen, Schmetterlingen und Insekten ein. Neben dem Bepflanzen von freien Flächen wurde auch ein etwa acht Kilometer langer Naturlehrpfad von Buchholz nach Birkhorst angelegt.

www.bluehstreifen-beelitz.de

7 Beeskow

Kultur in der Burg

Malerisch von der Spree umflossen wird das mittelalterlich geprägte Beeskow. Die Lage am Fluss ist eine Einladung an alle Wassersportler, von Marina oder Spreepark aus per Kanu, Paddel- oder Motorboot die Landschaft zu erkunden. Innerhalb der Stadtmauer mit ihren sechs Türmen gibt es beeindruckende Relikte aus dem Mittelalter zu entdecken.

Die Altstadt

Wahrzeichen der Stadt ist **St. Marien,** eine der monumentalsten Kirchen der Mark. Steil emporschießende, achteckige Pfeiler tragen das beeindruckende Kreuzrippengewölbe. Die gotische Hallenkirche wurde im 14./15. Jahrhundert in Backstein errichtet, allerdings noch ganz am Ende des Zweiten Weltkriegs, im April 1945, stark zerstört. 1947 stürzte zudem das Chorgewölbe ein. Inzwischen hat die Kirche Hauptdach und Turmspitze zurückbekommen und gibt mit ihrer Schuke-Orgel eine stimmungsvolle Kulisse für Konzerte ab.

Rund um den Markt lassen sich noch viele vorbildlich sanierte Häuser entdecken. Besonderes Kleinod ist das **Älteste Haus** im Fachwerkstil in der Kirchgasse, das tatsächlich auch Einblicke in sein Inneres gewährt. Gegenüber lädt die von Efeu überwachsene **Kirchenklause** zu regionaler Küche und Weinproben ein.

Lebendige Burganlage

Ältester Teil von Beeskow ist die Burganlage. Sie geht auf das 14. Jahrhundert zurück, als die Ritter von Strele damit begannen, an der strategisch wichtigen Furt Handwer-

Bahn

- RB 24 bis Königs Wusterhausen und weiter mit RB 36, stündlich, 90 Minuten ab Berlin Ostkreuz

Fahrradrouten

- Spreeradweg
- Strele-Tour

Nicht verpassen

- Weinprobe in der Kirchenklause
  Kirchgasse 11
- Filme sehen und Eis essen im Lounge & Eiscafé Schukurama
  Bahnhofstraße 14a | www.schukurama.de
- Vom Spreepark aus die Wasserlandschaft erkunden

Mit großen Mühen gerettet: die gotische Hallenkirche St. Marien

An der Spree zeigt sich Beeskow von seiner idyllischen Seite

ker und Bauern anzusiedeln. 1518 bauten die Bischöfe von Lebus die Wehranlage zum Residenzschloss aus.

Nach wechselvoller Geschichte übernahm die Stadt 1991 den Burgkomplex und machte daraus ein innovatives Kultur- und Bildungszentrum. Während im Salzkeller Exponate wie ein Pranger frühere Foltermethoden veranschaulichen, sind im rekonstruierten Salzhaus Ausstellungen zeitgenössischer Kunst zu sehen. Im Amtshaus stellt das **Musikmuseum** Raritäten wie winzige Spieldöschen oder ein riesiges Orchestrion aus, während unterm Dach das innovative Regionalmuseum sein Zuhause gefunden hat.

Bevor man im **Burgcafé** Cucina Verde den Besuch ausklingen lässt, kann man vom mächtigen Bergfried aus dem 14. Jahrhundert den Blick über die Anlage schweifen lassen, die auch immer wieder Schauplatz von Mittelaltermärkten, Ritterfesten und Open-Air-Veranstaltungen ist.

Das wehrhafte Kultur- und Bildungszentrum Burg Beeskow trägt mit seiner Arbeit wesentlich zur Attraktivität der Kreisstadt bei. Seit 1993 begleiten auch BurgschreiberInnen mit literarischen Produktionen das regionale Geschehen.

Hinter den adretten Fassaden ist ein lebendiges Gemeinwesen zuhause

Was tut sich hier?

Engagierter Förderverein

Für ein lebendiges Gemeinwesen sorgt seit 1992 der Förderverein Burg Beeskow e. V. Mit der Veranstaltungsreihe „Im Gespräch" initiiert er den regen Austausch mit Lokalpolitikern und anderen Gästen, betreibt eine Kunstwerkstatt samt Töpferatelier und lädt Erwachsene, Kinder und Jugendliche zu Theaterprojekten ein. Schließlich ist er dafür verantwortlich, dass sich die Burganlage bei der alljährlichen Walpurgisnacht in den Schauplatz von fulminanter Akrobatik, Tanzfeuerschauen und Hexenfeuer verwandelt.

Museum Oder-Spree

Als interaktiven Ort für die Auseinandersetzung mit Gegenwart, Vergangenheit und Zukunft der Stadt versteht sich das Museum Oder-Spree unterm Burgdach. Entstanden aus einem Projekt von Studierenden, die die Sammlung des Regionalmuseums neu ordneten, organisiert es unkonventionelle Ausstellungen. Unter Titeln wie „haben und brauchen" oder „essen und trinken" beschäftigen sie sich zum Beispiel mit Fragen von Eigentum und Gerechtigkeit oder dem Leben von Erzeugern und Verkäuferinnen.

www.museumoderspree.de

8 Bernau

Aufbruchstimmung im Barnim

Unmittelbar am Naherholungsgebiet Naturpark Barnim mit Seen und ausgedehnten Waldlandschaften liegt die alte Stadt Bernau. Um 1230 gegründet wurde sie während des Zweiten Weltkriegs erheblich zerstört. Vieles wurde daraufhin abgerissen und durch historisierende Plattenbauten ersetzt. Immerhin haben sich innerhalb der Stadtmauer einige authentische Relikte aus früheren Jahrhunderten erhalten.

Allen voran die **St. Marienkirche,** eine Hallenkirche aus Backstein, die romanisch begonnen, aber erst um 1519 in gotischem Stil vollendet wurde. Besonderer Schatz im Inneren ist ein Flügelaltar aus der Schule von Lucas Cranach d. Ä. Weitere hochbetagte Gebäude sind das 1582 errichtete **Kantorhaus** und die Adlerapotheke von 1755. Ein paar Straßen weiter steht das sogenannte **Henkerhaus,** in dem ein Teil des Heimatmuseums an die frühere Scharfrichterei erinnert.

Ein weiterer Teil des Museums ist im Steintor mit Rüstungskammer, Wehrgang und Hungerturm untergekommen. Mit knapp 30 Metern Höhe bietet er eine schöne Aussicht über Stadt und Umgebung. Durchweg Zeitgenössisches gibt es dagegen am mächtigen Pulverturm zu sehen: In ihm präsentiert das **Intermedia Arts Museum** mithilfe des Vereins Freunde der Künste Bernau e. V. das Lebenswerk des Film-, Video- und Fotokünstlers Wolf Kahlen.

Boomtown Bernau

Die Lage am Naherholungsgebiet Naturpark Barnim spricht in den Augen vieler Menschen ebenso für Bernau wie die Nähe zu Berlin. Aufgrund der guten Verkehrsanbindung pendelt ein Großteil der Erwerbstätigen zum Arbeiten in die

Bahn

- RE 3, stündlich, 20 Min. ab Berlin Hbf, S2 alle 20 Min., ca. 20 Min. ab Berlin Friedrichstraße

Fahrradrouten

- Pankeradweg
- Fernradweg Berlin-Usedom

Nicht verpassen

- Baden im nahen Liepnitzsee
- Videokunst im alten Pulverturm bewundern
- Das alljährlich stattfindende Hussitenfest mit Stadtumzug miterleben

Fast 100 Jahre alt und immer noch innovativ: Baudenkmal Bundesschule Bernau

Was tut sich hier?

Barnim Denkt Weiter

Nachhaltigkeit und Klimaschutz konkret vor Ort umzusetzen, ist das Anliegen der Initiative Barnim Denkt Weiter. Hervorgegangen aus einem Volkshochschulkurs zum Thema Klimafit suchen Engagierte aus unterschiedlichsten Bereichen vom Studenten bis zur Physiotherapeutin den Dialog mit BürgerInnen, Politik und Wirtschaft, um den Klimaschutz in der wasserarmen Region voranzubringen. Neben regelmäßigen Treffen organisiert die Initiative auch Aktivitäten wie Klima-Spaziergänge oder Workshops.

www.best-bernau.de

Mühlenbecker Klanglandschaften

Ein ungewöhnliches Festivalkonzept lockt im Frühsommer ins Mühlenbecker Land, 8 Kilometer westlich von Bernau. Initiiert vom Förderverein Musik im Naturpark Barnim e. V. verstehen sich die Mühlenbecker Klanglandschaften als eine „Schule der Wahrnehmungskunst mit Nachhaltigkeitseffekt". Ausgehend vom kleinen Dorf Mühlenbeck und Hobrechtsfelde sollen Klanginstallationen und die Musik namhafter Musiker und Ensembles auf Waldlichtungen, an Seeufern und anderen Orten für die natürliche Umgebung sensibilisieren. Neben Laubengesängen und Klangmassagen steht auch eine Komponierstation mit Keyboard bereit, auf der man Klänge aus der Natur einfangen kann.

www.klanglandschaften.eu

Hauptstadt. Und deren Zahl nimmt unter den gegenwärtigen Bedingungen weiter zu. So muss die Stadt auf Zuwachs planen und neuen Wohnraum schaffen. Nach der Umwidmung eines Kasernengeländes entsteht auf einer riesigen Konversionsfläche die innovative Gartenstadt weTown mit rund 2000 Wohnungen und begrünten Dächern, die autofrei, energetisch autark sein und keinerlei Schadstoffe ausstoßen soll. Gleichzeitig wurden im Rahmen des Projekts Bernau.Pro.Klima zusammen mit der Hochschule für nachhaltige Entwicklung Eberswalde Strategien zur Anpassung an die Klimafolgen erarbeitet. Leuchtturmprojekt ist der Bahnhofsvorplatz, der begrünt und naturnah gestaltet wird, um die Hitzebelastung zu reduzieren. Außerdem bemühen sich Initiativen wie der Verein bbz bernau e. V. mit unterschiedlichen Projekten und Bildungspaten um die Integration von Zugezogenen und Asylbewerbern.

UNESCO-Welterbe Baudenkmal Bundesschule Bernau

Nordwestlich der Innenstadt liegt das Gebäudeensemble der Bauhausarchitekten Hannes Meyer und Hans Wittwer. Mit der Bundesschu-

Soll klimaneutral werden: die Altstadt von Bernau

le des Allgemeinen Deutschen Gewerkschaftsbundes verwirklichten sie 1928 ihre Idee vom rationalen Funktionalismus. Das lichtdurchflutete Tagungszentrum mit Aula, Speisesaal, Wintergarten und Sporthalle fügt sich schön in die Waldlandschaft ein. Seit 2007 dienen die Räume als Internat der Handelskammer Berlin. Dem Verein Baudenkmal Bundessschule Bernau e. V. ist es zu verdanken, dass hier regelmäßig Führungen stattfinden. Inzwischen ergänzt ein ambitioniertes Besucherzentrum die Vermittlungsarbeit im Hinblick auf Schulen und andere Besuchergruppen.

★ Galerie Bernau

Die kommunale Galerie in einem denkmalgeschützten Bürgerhaus aus dem 18. Jahrhundert besticht mit einem ambitionierten Konzept, das neben Ausstellungen zeitgenössischer Künstler auch die Kunstvermittlung an Schulklassen und andere Gruppen im Blick hat. Möglich macht dies der Förderkreis Bildende Kunst Bernau e. V., der sich auch der Kunstvermittlung in Form von Führungen für Schulklassen und Erwachsene sowie Galerie-Gesprächen widmet.

www.galerie-bernau.de

9 Biesenthal

Naturparkstadt im Barnim

Reizvoll gelegen am seen- und waldreichen Biesenthaler Becken im Naturpark Barnim macht das Städtchen mit seinen rund 6000 Einwohnern einen freundlichen Eindruck.

Die Anfänge der typischen Ackerbürgerstadt reichen mindestens ins 13. Jahrhundert zurück. Doch nachdem hier mehrere Brände gewütet hatten, erhielt sie ihr heutiges Gesicht erst im 19. Jahrhundert.

Eins der schönsten Gebäude ist das **Alte Rathaus** im Fachwerkstil am denkmalgeschützten, neu gestalteten Markt, wo man sich unter einer mächtigen Jubiläumseiche niederlassen kann. Hier stellt die Galerie im Rathaus regelmäßig zeitgenössische Kunst aus. Erhalten haben sich außerdem die evangelische Stadtkirche aus dem 18. Jahrhundert, die jüngere katholische Kirche sowie ein altes Fachwerkhaus mit Schilfrohrdach in der Schulstraße. Besondere Attraktion ist der alte **Wasserturm** auf dem Schlossberg, wo im Mittelalter eine Burg stand. Für seinen Erhalt setzt sich der Verein Wasserturm Biesenthal e. V. ein. Zurzeit wird aus ihm eine Art Museum gemacht. Ganz in der Nähe haben sich bereits die Reste einer alten Wehrmühle in einen hochkarätigen Kunstort verwandelt.

Seit 2018 folgt die Stadt offiziell dem Leitbild der „Naturparkstadt". Das rege Engagement der BiesenthalerInnen bündelt das Bürgerforum mit seinem Bekenntnis zur Lokalen Agenda 21. Gemeinsam hat man manch Bauwerk mit neuem Leben gefüllt und aus dem alten Bahnhof ein ansprechendes Kultur- und Begegnungszentrum gemacht.

Bahn

- RB24, stündlich, ca. 55 Min. ab Berlin Lichtenberg

Fahrradrouten

- Fernradweg Berlin-Usedom

Nicht verpassen

- Die Torten im Café Kaiserliches Postamt neben dem Kulturbahnhof probieren

  Bahnhofstraße 92
- Durch die eiszeitlich geprägte Landschaft des Biesenthaler Beckens wandern
- Am Strandbad Großer Wukensee baden

In der früheren Wehrmühle eröffnet die Art Biesenthal ungewohnte Perspektiven

Was tut sich hier?

Art Biesenthal – neue Kunst in alter Mühle

Weitab von den urbanen Zentren überrascht der Biesenthaler Ortsteil Wehrmühle mit ambitionierter Kunst in origineller Umgebung. 2006 entstand hier rund um die Reste einer historischen Wassermühle aus dem 14. Jahrhundert ein futuristischer Neubau mit der Fassade einer alten Villa, der seitdem zusammen mit dem idyllischen Garten Kulisse der Art Biesenthal ist. Sie lockt im Sommer die Kunstwelt mit Ausstellungen zeitgenössischer Kunst, Fotografie und Performances renommierter internationaler Künstler.

www.biesenthal.org
www.wehrmuehle.de

Projektehof Wukania in Biesenthal

„Frei, utopisch, widerständig" lautet das Motto des Projekts Wukania am Großen Wukensee nördlich vom Stadtzentrum, das gemeinschaftliches Wohnen mit einer Lernwerkstatt, Sportangeboten, einem kulinarischen Kollektivbetrieb für gesundes Catering im Barnim und einer Eltern-Kind-Initiative verbindet.

www.wukania.net

Kulturbahnhof Biesenthal

Als Ort für Lesungen, Konzerte, Ausstellungen, Tanz-, Yoga- oder Musikkurse und viele weitere jährliche Events eine echte Bereicherung für Biesenthal.

www.bahnhof-biesenthal.de

Brandenburg an der Havel

Von der Industrie- zur Kreativstadt

Die Lage ist einmalig: Zwischen den einzelnen Stadtteilen fließt reichlich Wasser, rund um die Stadt liegen ganze sieben Seen. So verteilt sich Brandenburg tatsächlich auf mehrere Inseln zwischen Havel und Kanälen.

Vor rund 850 Jahren schlug hier die Geburtsstunde des Landes Brandenburg. Entsprechend ist auf der Dominsel, in der Alt- und Neustadt viel mittelalterliche Bausubstanz erhalten geblieben, doch mussten nach der Wende die architektonischen Schätze erst einmal gehoben werden. Inzwischen ist das Meiste mit viel Engagement und großzügigen Spendengeldern vorbildlich saniert und restauriert. Auch das Potenzial anderer brachliegender Gebäude oder Areale bleibt nicht mehr ungenutzt: Die ehemalige Werft mit Fabrikhalle lädt zum kleinen Snack oder ausgiebigem Tafeln ein, das mittelalterliche Paulikloster der Dominikanermönche wurde zum Archäologischen Landesmuseum und endlich verwandelt sich jetzt auch das verlassene, historische Stadtbad im Stil des Neuen Bauens in ein nachhaltig agierendes Kunstzentrum.

Bootsverleihstellen und Cafés mit Liegestühlen am Havelufer sorgen für erholsame Stunden am oder auf dem Wasser. Kein Wunder, dass sich in der drittgrößten Stadt des Bundeslands eine Trendumkehr abzeichnet: Nachdem die Stadt infolge der Abwicklung großer Industriebetriebe lange Zeit mit massiver Abwanderung zu kämpfen hatte, wissen heute immer mehr Menschen die Lebensqualität der wasserreichen Stadt zu schätzen, mit der Folge, dass die Einwohnerzahl langsam wieder steigt.

Bahn

- RE1 alle 30 Min. ab Berlin Hbf

Fahrradrouten

- Tour Brandenburg
- Havelradweg
- Sieben-Seen-Tour

Restaurant Werft

Aus der ehemaligen Fabrikhalle kann man bei Burgern, Pasta oder Bowls den Blick über die Havel schweifen lassen.

Hauptstraße 77 (an der Jahrtausendbrücke) | www.werft-brandenburg.de

Wo das Mittelalter Leitmotiv ist: Steintorturm in der Neustadt

Gründungsort Dominsel

Herzstück der alten Stadt ist die Dominsel mit der mächtigen Kirche **St. Peter und Paul.** 1165 als romanischer Backsteinbau begonnen, wurde sie in gotischem Stil vollendet und mit großen Kunstschätzen ausgestattet: Zum frühgotischen Lehniner Flügelaltar und einer Triumphkreuzgruppe von 1539 gesellt sich der böhmische Altar von 1375 im südlichen Querhausarm. Zusätzlich gibt es im Dommuseum die Gründungsurkunde des Bistums von 948, das Brandenburger Evangelistar aus dem 13. Jahrhundert und ein Hungertuch von 1290 zu sehen. Ein schöner Blickfang ist außerdem die benachbarte **Petrikapelle**, ein frühgotischer Backsteinbau von 1230.

Altstadt

Westlich von der Dominsel liegt die eigentliche Altstadt mit dem Altstädtischen Markt und dem spätgotischen **Rathaus.** Es bewacht ein fünf Meter hoher **Roland** aus Sandstein, Symbol für bürgerliche Freiheiten wie das Marktrecht, der gern das Motiv für so manches Selfie abgibt. Dahinter versteckt sich das bei Feinschmeckern beliebte historische **Inspektorenhaus.** Gleich um die Ecke, in der Ritterstraße 96, wird im

Nicht nur das viele Wasser sorgt für Lebensqualität

Was tut sich hier?

Raumquartier – Arbeiten und Wohnen im Gotteshaus

Ein hoher Saal mit Bühne und Aussichtsemporen, Arbeitsplätze mit modernster Workshop-Technik, dazu 36 Schlafplätze, eine offene Küche und ein Innenhof mit Grillplatz: gute Voraussetzungen für einen Arbeitsaufenthalt im Herzen Brandenburgs. Ursprünglich 1890 als Pferdeauktionshalle errichtet, wurde das Gebäude 1940 von der neuapostolischen Gemeinde zum Gotteshaus umfunktioniert. Nach der aufwendigen Sanierung hat es sich in einen inspirierenden Veranstaltungsort verwandelt.

www.raumquartier.de

Charmante Wolle 24

Einem der ältesten Fachwerkhäuser der Stadt an der historischen Stadtmauer hat das Co-Working Wolle nach dreißig Jahren Leerstand neues Leben eingehaucht. 1996 sanierte Familie Helmers das denkmalgeschützte Gebäude in der Wollenweberstraße nach ökologischen Gesichtspunkten. Dabei kamen Lehm, Holz, Hanfdämmstoffe, gehäckselte Flaschenkorken sowie Balken und Biberschwanzziegel aus Abrisshäusern zum Einsatz. Nun ist daraus ein stilvoller Arbeitsort mit Meetingraum, Küche und großer Dachterrasse geworden.

www.coworking-wolle.de

Stadtmuseum die Alltagsgeschichte der Havelstadt lebendig: In einem barocken Stadtpalais spannt es den Bogen von Funden aus der Steinzeit bis zu alten Grammophonen und „Lockenwicklern für die anspruchsvolle Dame“ des 20. Jahrhunderts. Ansonsten haben hier noch mehrere Sakralbauten überdauert: die Pfarrkirche **St. Gotthard,** eine dreischiffige Backsteinbasilika aus dem 12. Jahrhundert und die Ruine der gotischen **St. Johanniskirche** an der **Jahrtausendbrücke**, wo Cafés und ein Kanuverleih zur Pause am Wasser einladen.

Ganz anders das Architekturjuwel, das auf der gegenüberliegenden Uferseite am Alfred-Messel-Platz liegt: das historische **Stadtbad** im Stil des Neuen Bauens, vor knapp hundert Jahren errichtet und 2000 stillgelegt, bringt sich als innovatives Kunst- und Kulturforum schon vor seiner endgültigen Instandsetzung mit Aktionen wie dem „Virtual Bathing“ in das Stadtleben ein.

Neustadt

Von der Jahrtausendbrücke mit dem **Fontane-Club,** der mit Kleinkunst und Programmkino das Kulturleben aufmischt, zieht sich die Hauptstraße mit Geschäften und Lokalen durch die Neustadt zum Neustädtischen Markt. Etwas südlich des geschäftigen Platzes liegt in der Neustädtischen Heidestraße das **Archäologische Landesmuseum,** das im Paulikloster die 130 000-jährige Geschichte der Region Revue passieren lässt.

Dazwischen springen immer wieder kleine Bronzeskulpturen ins Auge: die „Waldmöpse" – eine Hommage an Vicco von Bülow alias Loriot, den berühmtesten Sohn der Stadt, der sagte, ein Leben ohne Mops sei möglich, aber sinnlos.

Marienberg

Von der Wallpromenade, die sich um die Altstadt spannt, gelangt man auf den 69 Meter hohen Marienberg, der als Bürgerpark und Gartendenkmal die größte Grünanlage der Stadt ist. Ganz oben steht die **Friedenswarte.** Der Aussichtsturm aus der DDR-Zeit wurde im Rahmen der BUGA 2015 zusammen mit der Parkanlage neu gestaltet und bietet einen fantastischen Rundblick über Stadt und Land.

Industriemuseum

Eine Sehenswürdigkeit ganz anderer Art wartet außerhalb des Stadtzentrums an der August-Sonntag-Straße: Nicht zu übersehen ist der über 400 Meter lange und achtzig Meter breite Koloss, der das größte Stahl- und Walzwerk der DDR war und heute als **Industriemuseum** tiefe Einblicke in das Arbeitsleben der früheren Kumpels gibt. Highlight ist der letzte Siemens-Martin-Ofen, der sich in Europa erhalten hat. Neben Führungen in Helm und Kittel kann man hier auch Europameisterschaften im Freestyle-Skateboarding, Konzerten oder Theateraufführungen beiwohnen.

Was tut sich hier?

Bildung und Kultur in der Villa Fohrde

In den 1990er-Jahren entstand nördlich von Brandenburg ein weltoffenes Bildungs- und Kulturhaus, das sich für eine nachhaltige Lebensweise, Vielfalt und die Überwindung der Stadt-Land-Differenzen einsetzt. Malerisch gelegen am Ufer der Havel wurde die einstige Sommervilla des Fabrikbesitzers Carl Reichstein 2010 vom Verein Villa Fohrde mit ökologischen Baustoffen saniert und durch Neubauten ergänzt, bevor sie zum Schauplatz von Lehmbauwochen, kleinen Kulturfesten oder Gesundheits-Workshops wurde.

www.villa-fohrde.de

STADTBAD e. V.

Lange Zeit drohte das historische Stadtbad, das um 1930 im Stil des Neuen Bauens am Ufer der Havel errichtet wurde, nach seiner Schließung im Jahr 2000 zu zerfallen. Inzwischen hat sich der Verein STADTBAD e. V. mit Vertretern aus Kultur, Wissenschaft und Politik gegründet, der das kulturhistorische Wahrzeichen im Stadtbild in ein Zentrum für zeitgenössische Kunst verwandeln will. Nachdem Geschichten rund um das Volksbad in einem Virtual Bathing zusammengetragen wurden, sollen interdisziplinäre Kunst- und Kulturprojekte mit Strahlkraft in die ganze Region das altehrwürdige Gebäude beleben.

www.stadtbad.eu

Neues Leben in alten Mauern: Archäologisches Landesmuseum im früheren Paulikloster

11 Buckow

Lebendige Naturparkstadt in der Märkischen Schweiz

Eingebettet in den Naturpark Märkische Schweiz ist die Kneipp-Kurstadt Buckow nicht nur ein beliebter Erholungsort, sondern auch lebendiger Kulturstandort.

Der Name Buckow leitet sich vom slawischen Wort „Buk“ für Rotbuche her. Tatsächlich ist das Städtchen von dichter Waldlandschaft mit Buchen, Eichen und anderen Laubbäumen umgeben. Dazu gesellen sich zahlreiche idyllische Seen und Flüsschen mit mehreren Wassertretstellen, die ihm den offiziellen Titel einer Kneippstadt eingetragen haben. Ideale Bedingungen für den Wander- und Gesundheitstourismus, der hier eine lange Tradition hat. Lange bevor hier eine Reha-Klinik eröffnete, erholte sich der preußische König Friedrich Wilhelm IV. in Buckow. Ihm folgten prominente Sommerfrischler wie Bertolt Brecht, Egon Erwin Kisch oder John Heartfield.

Brecht-Weigel-Haus

Das Künstlerpaar Bertolt Brecht und Helene Weigel hat nicht unwesentlich zur Berühmtheit des Städtchens beigetragen. Ihr einstiges Sommerdomizil ist auch heute Anziehungspunkt für viele Besucher. Seit 1952 schöpften die beiden in ihrem Refugium am Schermützelsee neue Kraft. 1911 vom Berliner Bildhauer Georg Roch erbaut, bietet das elegante Atelierhaus, die sogenannte Eiserne Villa, mit großer Fensterfront einen herrlichen Blick auf den See. In ihm erinnern nicht nur Möbel, Fotos, Schriftdokumente und der berühmte Planwagen aus der „Mutter Courage" von 1949 an die Sommer-

Bahn

- bis Müncheberg alle 60 Min. mit RB 26 ab Ostkreuz oder Lichtenberg, weiter mit Bus 928, ca. 1 Std. 20 Min., im Sommerhalbjahr an Wochenenden mit der Buckower Kleinbahn

Fahrradrouten

- Europaradweg R1
- Oberbarnimer Feldsteinroute

Nicht verpassen

- Mit Ausflugsdampfer Scherri auf dem Schermützelsee schippern
- Den guten Kaffee des Hofladens „Buckower Köstlichkeiten“ genießen

  Am Markt 8
- Auf dem Poetensteig zum Ausflugslokal Pritzhagener Mühle wandern

Mit dem Schermützelsee hat sich Buckow als Kneippkurort neu erfunden

Was tut sich hier?

Kultus e. V. – Soziales und kulturelles Engagement

Auf vielen Gebieten engagiert sich der Verein Kultus e. V., der für Kultur, Theater und soziales Engagement steht und von Buckow aus die Kommunalpolitik in Märkisch Oderland erfolgreich mitgestaltet – ob mit dem Rückkehrerbüro Hierzulande, dem Begegnungsbus Otto, der Kultur in die Region bringt oder der Bürgerbühne, die mit unkonventionellen Formaten lokale Themen aufgreift. Mit AkteurInnen ins Gespräch kommen kann man im sympathischen Familiencafé Lokal., das den Spagat zwischen Café-Bar, verlängertem Wohnzimmer und Veranstaltungsort locker hinbekommt.

www.kultus-verein.de,
www.lokal-buckow.de

Offene Höfe Ihlow

Eine besondere Perle ist das 170-Seelen-Dorf Ihlow nördlich von Buckow, ein einzigartiges Ensemble von Gebäuden aus Feldsteinen rund um die älteste Wehrkirche des Barnim. Meist sonntags laden hier in der Saison die Offenen Höfe zum Besuch ein. Neben dem Biohof Ihlow gehören dazu die Kunsthalle Hagedorn des Malers und Konzeptkünstlers Udo Hagedorn, das übervolle Antiquariat in der Scheune sowie das Atelier Zachariashof, in dem sich Werke des Holzbildhauers Uwe Steinkamp mit inspirierender Gartenkunst verbinden.

www.biohof-ihlow.de

frischler, sondern auch der regelmäßig stattfindende Literatursommer.

Über Bertolt Brecht fand auch der Fotomontagekünstler John Heartfield sein Sommerhaus im benachbarten Waldsieversdorf. In der Saison kann man in dem verwunschenen Häuschen seine Kunstwerke, Fotos und persönliche Gegenstände begutachten.

Kulturort Buckow

Spätestens seit solch prominente Künstler hier ihr Sommerquartier aufschlugen, hat auch die Kultur Einzug gehalten. Regelmäßig finden attraktive Veranstaltungen wie der Literatursommer mit Lesungen, Konzerten und Theater oder die Konzertreihe „Klassik im Grünen"statt. Für eine gesunde Balance zwischen Natur, Tourismus und einem lebendigen Gemeinwesen sorgen diverse Vereine und andere Engagierte.

Der Verein Naturschutzpark Märkische Schweiz e. V. hat es sich zum Ziel gesetzt, die Menschen für diesen einzigartigen Naturraum zu sensibilisieren. Er betreibt das Besucherzentrum **Drei Eichen** und fördert zusammen mit dem Informationszentrum des Naturparks **Schweizer Haus** Angebote der

Mehrere Initiativen sorgen für Lebensqualität jenseits der Freizeitaktivitäten

Umwelt- und Bildungsarbeit, wie zum Beispiel Workshops, Aktionstage, Rangertouren oder Heilkräuterkurse.

Buckower Kleinbahn

Ein liebenswertes Stück Heimatgeschichte ist außerdem die Buckower Kleinbahn, die dank eines engagierten Vereins in der Saison weiterhin zwischen Müncheberg und Buckow verkehren darf. Ihre Geschichte ist im dazugehörigen **Eisenbahnmuseum** zu besichtigen.

★ Theater Sinneswandel in Garzau

Unbedingt empfehlenswert ist ein Abstecher nach Garzau westlich von Buckow. Hier lädt das Theater Sinneswandel von Scarlett O' und Jürgen Ehle zu charmanten Hausschuh- oder Gartenkonzerten und anderer „Kultur am Weg" ein. Vor der Vorstellung kann man den nahegelegenen Landschaftsgarten besuchen, den sich Wilhelm Carl Graf von Schmettau im 18. Jahrhundert anlegen ließ, nachdem er sich aus dem preußischen Militärdienst in die ländliche Idylle verabschiedet hatte. Dort befindet sich eine stattliche **Pyramide** aus Feldsteinen, die nur als Ruine erhalten blieb, aber bis 2012 rekonstruiert wurde

www.scarlett-o.de/sinneswandel

12 Cottbus

Metropole der Lausitz im Wandel

In Cottbus/Chóśebuz, der **Universitätsstadt** mit rund 7000 Studierenden im Süden Brandenburgs, zeigt sich beispielhaft der Strukturwandel in der Lausitz: von der Kohleregion zu einem zukunftsträchtigen Energie- und Medizinstandort. Bis es soweit ist, präsentiert sich ein zwiespältiges Bild. Zumindest Teile der Bevölkerung tun sich noch schwer mit den Veränderungen in der Region.

Das Cottbusser Stadtbild ist ähnlich heterogen wie die Menschen. Hier treffen Relikte des Mittelalters auf schöne Gründerzeitvillen und gleichförmige Plattenbauten. Mittendrin liegt der vorbildlich sanierte **Altmarkt,** den Cafés und klassizistische Traufhäuser mit pastellfarbenen Fassaden säumen. Hier beherbergt auch die 1573 eröffnete Löwenapotheke das Brandenburgische Apothekenmuseum. Wahrzeichen der Altstadt ist der 31 Meter hohe **Spremberger Turm.** Das Gebäude aus dem 13. Jahrhundert krönt ein von Schinkel entworfener Zinnenkranz. Von oben hat man einen schönen Rundblick über das Zentrum und die Spremberger Straße – die Einkaufsmeile von Cottbus. Sie wird vom Schlosskirchplatz mit der 1419 erbauten Schlosskirche und einigen Gründerzeithäusern flankiert. In der benachbarten Mühlenstraße gewährt das **Wendische Museum** Einblicke in das Leben der sorbischen Minderheit.

Architektur-Ikonen

Wer sich für innovative, hochkarätige Architektur interessiert, wird jenseits der Altstadt fündig. Am romantischen Teich im Goethepark erhebt sich das **Brandenburgische Kunstmuseum,** untergebracht in einem ehemaligen Dieselkraftwerk. Die spätexpressionistische Industriearchitektur trifft auf zeitgenössische Kunst. Eine weitere Perle ist

Bahn

- RE2, alle 60 Min., ca. 90 Min. ab Berlin Hbf

Fahrradrouten

- Fürst-Pückler-Radweg
- Niederlausitzer Bergbautour

Nicht verpassen

- Eine Aufführung des Staatstheater Cottbus besuchen
- Im Park Branitz flanieren
- Cineastische Entdeckungen machen beim Festival des Osteuropäischen Films im November

So idyllisch wie am Altmarkt ist es in Cottbus nicht überall

Was tut sich hier?

Engagierte Tanzwerkstatt

Kann Tanz zur Auseinandersetzung mit aktuellen gesellschaftspolitischen Themen in der Lausitz beitragen? Das fragt sich die Tanzwerkstatt Cottbus, die Tanzkurse für Kinder, Jugendliche und Erwachsene anbietet und mit Inszenierungen gern auch immer wieder den öffentlichen Raum bespielt. Erarbeitet werden die experimentellen Performances von der tanzkompanie golde.g, die 2008 von der freien Choreografin Golde Grunske gegründet wurde.

www.tanzwerkstatt-cottbus.de

Galerie Haus 23

Keine bloße Halle für Ausstellungen zeitgenössischer Künstler, sondern engagierte Institution für die Förderung von Kunstprojekten und den gesellschaftlichen Dialog ist die 1989 gegründete Galerie des Kunst- und Kulturfördervereins Cottbus.

www.galerie-haus23.de

Startup Lausitz für Existenzgründer

Initiiert vom Gründungszentrum Zukunft Lausitz vereint das Gründerökosystem Startup Lausitz in einem Gebäude am Großenhainer Bahnhof Co-Working und Räume für Netzwerk- und Kreativveranstaltungen. Neben kostenlosen Arbeitsplätzen finden hier angehende Existenzgründer-Innen umfassende Beratungsangebote. Dafür steht ihnen ein Netzwerk von Mentoren, Investoren und Mitarbeitern der IHK Cottbus zur Seite.

das 1908 eingeweihte **Staatstheater** inmitten schöner Gründerzeitvillen im Wohnviertel am Schillerplatz. Das einzige erhaltene Jugendstiltheater Deutschlands, erbaut nach Plänen des Architekten Bernhard Sehring, bietet ein anspruchsvolles Mehrsparten-Programm.

Einen Abstecher lohnt auch die avantgardistische Universitätsbiblitohek IKMZ. In dem gläsernen Gebäude des Architektenteams Herzog & de Meuron schraubt sich eine Wendeltreppe in knalligen Pink- und Grüntönen in die Höhe. Für Lebensqualität sorgen auch die weitläufigen **Grünanlagen,** die vom Goethepark über Elias-, Spreeauen- und Tierpark die Stadtlandschaft bis zum Branitzer Park durchziehen.

Neue Impulse

In den nächsten Jahren werden sich weitere Chancen auftun, wenn aus der ehemaligen Kohleregion ein moderner Energie- und Medizinstandort wird. In dem Zusammenhang versucht sich die Stadt mit einem Technologiepark, einem Science Center und einem ICE-Instandhaltungswerk neu zu erfinden. Außerdem gibt es hier eine aktive Zivilgesellschaft, die unter anderem rechtsextremen Tendenzen

Aushängeschild einer innovativen Lausitzmetropole: Die Universitätsbibliothek IKMZ

entgegenwirkt, und engagierte Institutionen wie das Piccolo Theater, die Theaternative, die Galerie Fango oder die Galerie Haus 23. Der Lausitzer Lokalsender Radio Cottbus, der von den Mitgliedern des Startups Lausitz gemacht wird, berichtet regelmäßig von Mut und Machern in der Stadt.

Park und Schloss Branitz

Einzigartiges Gesamtkunstwerk aus gestalteter Natur und Architektur ist der Fürst-Pückler-Park Branitz südöstlich vom Stadtzentrum, angelegt zwischen 1845 und 1871. Sanftes Grün schmiegt sich an stille Wasserwege, jahrhundertealte Bäume spiegeln sich in verträumten Teichen, während Sichtachsen den Blick auf gefällige pleasure grounds lenken. 100 000 Kubikmeter Erde wurden für das Alterswerk des Fürsten Hermann von Pückler-Muskau bewegt, einer schillernden Persönlichkeit, die sich hier wie ein ägyptischer Pharao in einer von Wein überwachsenen Pyramide bestatten ließ. Seinem Barockschloss im Tudorstil ließ er innen einen orientalischen Touch verleihen. Heute widmet sich hier ein Museum dem Cottbusser Maler Carl Blechen.

13 Eberswalde

Nachhaltig in die Zukunft

Wenn man am Bahnhof ankommt, macht Eberswalde keinen besonders einladenden Eindruck. Die ehemalige Industriestadt kennzeichnet ein zerrissenes Bild. Während hier und dort alte Schornsteine, Kräne und vor allem der riesige **Eber-Montagekran** in die Luft ragen, haben im Herzen der über 750-jährigen Stadt Bauten aus früheren Jahrhunderten überlebt: die Backsteinbasilika **St. Maria Magdalena** mit der 36 Zentner schweren Bronzeglocke oder die gotische Backsteinkapelle St. Georg. Zum barocken Alten Rathaus von 1775 gesellt sich seit 1903 das sogenannte Neue Rathaus im Stil der Neorenaissance.

Ältestes Fachwerkhaus ist die **Adler-Apotheke** aus dem 17. Jahrhundert, die heute neben dem Kulturamt und der Touristinformation das **Eberswalder Museum** beherbergt. Zuständig für Stadt-und Regionalgeschichte erforscht dieses zusammen mit dem Kanaltheater und anderen Projektpartnern unter dem Motto „Tatort Lücke“ Leerstellen in der Stadt, rekonstruiert deren Geschichten und macht diese in einem Zukunftslabor digital zugänglich.

Stadt im Wandel

Lange Zeit tat sich der alte Industriestandort schwer mit seinen Brachen, hatte mit Leerstand und sozialen Problemen zu kämpfen. Doch das hat sich geändert. Der Finowkanal, einst viel befahrene Wasserstraße und infrastrukturelle Lebensader des Industriestandorts, zieht sich heute mit idyllischem Grün durch Eberswalde. Institutionen wie die Hochschule für Nachhaltige Entwicklung mit rund 2 500 Studierenden machen die Stadt lebendig und lebenswert, sodass sie als Impulsgeberin und Vorbild für viele andere

Bahn

- RE3, alle 60 Min., ca. 35 Min. ab Berlin Hbf

Fahrradrouten

- Tour Brandenburg

Kaffeehaus Gustav

Die besten Eberswalder Spritzkuchen und weitere Leckereien gibt es am Marktplatz. Bäcker Wiese backt traditionell und bio, die Zutaten kommen von regionalen Anbietern.

Am Marktplatz 2d | www.wiese-brot-gustav.de

Wahrzeichen des einstigen Messingwerks: der Wasserturm

Was tut sich hier?

Zukunftsfabrik Rofin

Wie Industrie und Kultur zusammenwachsen, kann man am Beispiel des Rofin Gewerbeparks auf dem Gelände einer ehemaligen Rohrleitungsfabrik und Lokomotivhalle ablesen. In dem gründerzeitlichen Industriekomplex haben sich zahlreiche Unternehmen aus verschiedenen Sparten angesiedelt, die nachhaltig und ressourcenschonend produzieren. Auch der engagierte Afrikanische Kulturverein Palanca e. V. hat hier ein Obdach gefunden. BesucherInnen sind immer wieder zu Tagen der Offenen Tür sowie Konzerten des Ensembles Quillo eingeladen.

www.rofin.de

Thinkfarm

Der Ort rund um einen Co-Working-Space im Zentrum der Stadt sprüht nur so vor innovativen Ideen und Angeboten. Mit seiner Vision eines solidarischen, selbstorganisierten Miteinander bietet er nicht nur Start-Ups, sondern auch unterschiedlichen Initiativen ein Obdach, vom Repair-Café des Vereins Hebewerk e. V. über Beratungsangebote für Geflüchtete bis zur Vermarktung regionaler Lebensmittel unter dem Motto „Marktschwärmer“. Neben Workshops zu Themen der Nachhaltigkeit werden zum Beispiel auch Lastenräder verliehen.

https://thinkfarm-eberswalde.de

Orte in Brandenburg fungiert. So macht auch der Familiengarten mit Relikten der Industriegeschichte eine tolle Spielwiese für Groß und Klein.

Route der Industriedenkmäler
Durch den rund 400 Jahre alten Finowkanal, die erste künstliche Wasserstraße Deutschlands und Lebensader der Stadt, entwickelte sich Eberswalde in früheren Zeiten zum wichtigsten Industriestandort Brandenburgs. Heute sind Kupferhammer, Eisenspalterei und Messingwerk Stationen auf der etwa 6 Kilometer langen Route der Industriedenkmäler, die man am besten mit dem Fahrrad erkundet. Vom Hauptbahnhof führt sie über die Hufnagelfabrik, die Papierfabrik Wolfswinkel, das Kraftwerk Heegermühle zum 300 Jahre alten **Messingwerk** mit einer historischen Werkssiedlung. Wahrzeichen ist der markante **Wasserturm,** ein frühes Beispiel für Backsteinexpressionismus, der aus 49 Metern Höhe einen fantastischen Ausblick bietet.

Beim Bau der Siedlung machte ihr Gründer, der Hutfabrikant Gustav Hirsch, im Jahr 1913 übrigens einen unfassbaren Fund: den Eberswalder Goldschatz, dessen Nachbildung im Stadtmuseum ruht.

Ein Ort für Visionäre: der Rofin Gewerbepark Eberswalde

Forstbotanischer Garten

Der sehenswerte acht Hektar große Forstbotanische Garten im Südwesten der Stadt wurde 1830 anglegt. Mit etwa 600 Krautpflanzen sowie 1 200 Gehölzarten dient er den Forststudenten nach wie vor als Lehrgarten.

www.hnee.de/fbg

Zoologischer Garten

Ebenfalls im Südwesten liegt der preisgekrönte Zoologische Garten, in dem sich die rund 1 500 Tiere in großen Gehegen frei bewegen können. Ein teilweise verglaster Tunnel führt mitten durch die Löwenanlage – aufregend!

www.zoo-eberswalde.de

Familiengarten

Aus der Landesgartenschau von 2002 ist auf dem Areal des abgewickelten Walzwerks und der Hufeisenfabrik der Familiengarten hervorgegangen. Hier wurden viele Ideen, Fantasie und Geld investiert, um mit üppig blühenden Themengärten, Picknickplätzen und einem unterirdischen Tretboot-Parcours am Finowkanal eine außergewöhnliche Spiellandschaft zu schaffen. Zwischen märchenhaften Baumhäusern und verschlungenen Pfaden thront der dreißig Meter hohe, alte Eberkran, dessen Aussichtsplattform ein fantastisches Panorama eröffnet.

www.familiengarten-eberswalde.de

14

Frankfurt (Oder)

Brücke nach Osten

Die stolze Marienkirche, stattliche Wohn- und Handelshäuser: Es gibt noch steinerne Zeugen der großen Zeiten Frankfurts als bedeutende Handelsstadt. Allerdings haben ihr Zerstörungen im Zweiten Weltkrieg arg zugesetzt. Dazu kamen in jüngster Zeit wirtschaftliche Rückschläge.

Inzwischen zeichnet sich ab, dass die Randlage an der polnischen Grenze auch großes Potenzial in sich birgt. Zusammen mit dem benachbarten Słubice und der **Europa-Universität Viadrina** profiliert sich Frankfurt als Europa-Stadt und Tor zu Osteuropa. Dabei spielt neben zahlreichen Kultureinrichtungen und Projekten vor allem das geplante Zukunftszentrum für Europäische Transformation und Deutsche Einheit eine Rolle.

Marienkirche und Rathaus

Die mittelalterliche St. Marienkirche am Markt gilt als einer der schönsten Sakralbauten Brandenburgs. Nicht nur von außen ist der mächtige Bau beeindruckend. Stoff für einen echten Polit-Thriller liefert die Geschichte der expressiven Glasfenster im Chor, die während des Zweiten Weltkriegs ausgelagert, nach Moskau gebracht wurden und lange als verschollen galten, bevor sie auf wundersame Weise nach Frankfurt zurückkehrten und restauriert wurden. Eine kunsthistorische Besonderheit ist der Fenster-Zyklus von 1367, weil er – einzigartig neben Notre-Dame in Paris – die Geschichte des Antichristen darstellt.

Schräg gegenüber von der Kirche steht das Rathaus im Stil der

Bahn

- RE1, alle 30 Min., ca. 70 Min. ab Berlin Hbf

Fahrradrouten

- Oder-Neiße-Radweg

Nicht verpassen

- Im Café Brot und Zucker frische Speisen, leckeren Kuchen und köstlichen Kaffee probieren

  Brunnenplatz 1
- Im Europagarten auf der Insel Ziegenwerder relaxen
- Im November auf der TransVOCALE Weltmusik hören

  www.transvocale.eu

Unkonventionell wie der Comicbrunnen ist die Stadt an vielen Orten

Was tut sich hier?

Arbeiten und Lernen im Blok-O

Gemeinsam mit der Sparda-Bank Berlin hat das Team des Berliner Co-Working-Pioniers St. Oberholz einen Coworking-Space mit Café und Konferenzraum eingerichtet und damit ein ehemaliges DDR-Kinderkaufhaus auf der Magistrale zu neuem Leben erweckt. Auf 750 Quadratmetern bietet Blok-O Start-Ups, Firmen und Freelancern eine vorübergehende oder auch längere Bleibe. Für 10 Euro kann man einen Tag lang arbeiten, Scanner und andere Geräte benutzen und den exzellenten Kaffee genießen. Platz ist auch für den Club CoderDojo, wo Mädchen und Jungen von sieben bis 17 Jahren kostenlos programmieren lernen können.

www.blok-o.de

Słubfurt in Nowa Amerika

Die Utopie eines fiktiven Nowa Amerika, geboren 1999 als Aktion des Künstlers Michael Kurzwelly in Anlehnung an das Land der Pioniere, nimmt heute am sogenannten Brückenplatz Gestalt an. Hier hat der Verein Słubfurt einen grenzüberschreitenden, interkulturellen Begegnungsort mit dem Café BlaBla, Fahrradverleih, Tauschmarkt, Nähwerkstatt und Repaircafé geschaffen. Es wird an einer Sammlung mit zeitgenössischer Kunst gearbeitet und über Bürgergeld debattiert. Nowo-Amerikaner kann jeder werden, der sich zum humanistischen Grundgesetz von Nowa Amerika bekennt. Einen Stadtführer für Słubfurt gibt es ebenfalls.

www.slubfurt.net

norddeutschen Backsteingotik, das heute einer der Standorte des Brandenburgischen Landesmuseums für moderne Kunst ist. Eine Sammlung mit historischen Musikinstrumenten und anderen Exponaten der Stadtgeschichte ist indessen im Museum Viadrina zu sehen – im barocken, 1567 entstandenen Junkerhaus, in dem früher adlige Studenten logierten.

Auf der Kleist-Route zu Europa-Universität und Europagarten

In dem freundlichen Barockgebäude der ehemaligen Garnisonsschule widmet sich das **Kleist-Museum** dem berühmtesten Sohn der Stadt. Rund 250 Gemälde, Briefe und andere Objekte geben Einblick in Leben und Werk des Dichters. Auf seine Spuren führt die rund 20 Kilometer lange **Kleist-Route** (unter www.frankfurt-oder.de). Der Dichter war einer der vielen prominenten Studenten der 1506 gegründeten Universität Viadrina, die inzwischen als Europa-Universität wiederbelebt und mit Studenten aus rund achtzig Nationen zum Symbol eines neuen Europa geworden ist.

Von hier ist es nicht weit zur Uferpromenade an der Oder und der Insel Ziegenwerder mit dem **Eu-**

In Frankfurt setzen sich zivilisierte Sprayer für ein friedliches Zusammenleben ein

ropagarten, wo schilfumstandene Winkel und ein Café zu Ruhepausen am Wasser einladen. Gegenüber grüßt der polnische Stadtteil **Słubice** – wer will, kommt problemlos mit dem Personalausweis ins Nachbarland.

Ambitioniertes Kulturleben

Ansonsten zieht sich der um 1835 angelegte Lenné-Park wie ein grüner Gürtel um die Altstadt und führt zur Konzerthalle, die in der Kirche des ehemaligen Franziskanerklosters eingerichtet wurde. Wie es sich für eine multikulturelle Studentenstadt gehört, gibt es in Frankfurt ein lebendiges Kulturleben. Neben den Konzert- und Theaterveranstaltungen des Kleist-Forums bereichern das inklusive Theater am Schuppen, das traditionsreiche **Kabarett Oderhähne** oder die engagierte Puppenspiel-Bühne Theater des Lachens die Kulturlandschaft. Zu den größeren und internationalen Veranstaltungen zählen das **Unithea-Festival,** ein europäisches studentisches Theatertreffen mit zeitgenössischen Produktionen, die Kleist-Festtage und die **TransVOCALE,** ein europäisches Festival für Lied und Weltmusik, das zusammen mit Słubice organisiert wird.

15

Fürstenberg/Havel

Wasserstadt mit Versteh-bahnhof

Die Lage zwischen Havel, Röblin-, Baalen- und Schwedtsee macht Fürstenberg zum Paradies für Wassersportler. Schnell aufs SUP oder Boot und ab in den Naturpark Uckermärkische Seen oder weiter zur Mecklenburgischen Seenplatte! Radfahrer und Wanderer haben die Havelstadt mit den ausgedehnten Waldgebieten ebenso für sich entdeckt.

Auch wenn die Stadt nicht unbedingt aussieht wie im Bilderbuch und wohl noch einige Jahre die Lkw auf der lärmigen B 96 durchs Zentrum rollen werden, siedeln sich hier immer mehr Menschen an. Unter ihnen viele Engagierte, die zu einem lebendigen Gemeinwesen beitragen. Nachdem sich der alte Bahnhof mit neuem Leben gefüllt hat, harrt nun noch das riesige Gebäudeensemble des VEB Kraftfuttermischwerk am Röblinsee seiner Zukunft als Hafencity mit einer Mischung aus Freizeit, Erholung und Gewerbe.

Zwischen Altstadt und Schwedtsee

Mitte des 13. Jahrhunderts gegründet, wurde die Stadt immer wieder durch Brände zerstört, sodass sich nicht allzu viel an historischer Bausubstanz erhalten hat. Auf der Hauptinsel liegt die Altstadt mit dem Marktplatz. Im Zentrum behauptet sich die neobyzantinische **Stadtkirche** mit dem größten hängenden Batikteppich Europas. Um sie herum gruppieren sich das Rathaus, Geschäfte, Lokale und die Touristinformation, wobei der Platz durchaus noch etwas mehr Leben vertragen könnte.

Bahn

- RE 5, stündlich, ca. 65 Min. ab Berlin Hbf

Fahrradrouten

- Havelradweg
- Fernradweg Berlin-Kopenhagen

Nicht verpassen

- Kaffee trinken, aufs SUP springen und den Tag auf dem Wasser verbringen, im Ahoi Shop & Café am Bahnhof Fürstenberg/Havel

  www.ahoisup.com

- Die Wasserlandschaft mit Motorboot oder Kanadier erkunden

  www.bootsvermietung-fuerstenberg.de und www.zweirad-intress.de

Am Verstehbahnhof gibt es auch Boote und kühle Drinks

Auf der nördlich gelegenen Insel erinnert der neugestaltete **Stadtpark** daran, dass Fürstenberg einst beliebter Kurort war. Die Spazierwege führen auch am Ufer des Schwedtsees mit kleinem Jachthafen entlang. Schräg gegenüber hat das **Stadtschloss** überdauert, ein dreiflügeliger Barockbau aus dem 18. Jahrhundert, den Großherzog Adolf Friedrich II. als Witwensitz für seine Frau erbauen ließ. Nachdem die Pläne für genossenschaftliches Wohnen gescheitert sind, soll das Gebäude in komfortable Eigentumswohnungen umgestaltet werden.

Gedenkstätte Ravensbrück
Ein trauriges Kapitel der Stadtgeschichte schlägt die Gedenkstätte Ravensbrück wenige Kilometer von Fürstenberg entfernt auf. Im Frauen-Konzentrationslager wurden zwischen 1939 und 1945 rund 132 000 Frauen und Kinder, 20 000 Männer sowie 1 000 Jugendliche aus 40 Nationen inhaftiert, viele von ihnen auch umgebracht. 1959 in eine Nationale Mahn- und Gedenkstätte umgewandelt, ist das Gelände ganzjährig zugänglich und informiert mit zwei Dauerausstellungen über den Geschichtsort.

Zieht viele Zuzügler an: die reizvolle Wasserlandschaft von Fürstenberg

Was tut sich hier?

Preisgekrönter Verstehbahnhof

Das originelle Konzept, das das alte Bahnhofsgebäude wiederbelebt, ist inzwischen auch Vorbild für andere Initiativen geworden. Der Verein havel:lab unter der Ägide von Daniel Domscheit-Berg hat mit dem sogenannten Verstehbahnhof eine Art Werkstatt mit Tonstudio und Vereinsküche eingerichtet. Hier werden Fähigkeiten im Programmieren, aber auch praktische Fertigkeiten wie Elektronik-Löten vermittelt. Bei Projekttagen kann man lernen, eine Website, einen Podcast oder Film zu produzieren – einschließlich Storybord und Videoschnitt.

www.verstehbahnhof.de

Radlerfreundlicher Kulturgasthof

Zu den Fürstenbergern, die mit ihrem Engagement die Lebensqualität des Städtchens steigern, gehört auch Michael Wittke. Seine Alte Reederei ist nicht nur radlerfreundliche Unterkunft am Wasser mit idyllischem Garten und einem historischen Kaffenkahn, der zu Rundfahrten auf der Havel einlädt. Der Kulturgasthof veranstaltet zusammen mit dem Kulturverein Brückenschlag Fürstenberg auch Lesungen und Diskussionsabende und Konzerte und ersetzt mit Filmvorführungen das fehlende Kino.

www.altereederei.de

16 Gerswalde

Zwischen Hipstertum und Bodenständigkeit

Dafür, dass der kleine Ort in der wald- und seenreichen Hügellandschaft zwischen Prenzlau und Templin zu einiger Berühmtheit gelangt ist, ist vor allem die Drehbuchautorin und Regisseurin Lola Randl verantwortlich, die sich hier in einem ehemaligen Gasthaus niederließ, die frühere Schlossgärtnerei in den **Großen Garten** verwandelte und ihre Erfahrungen mit dem Landleben in Romanen und einem Film verwertete. Unzählige Neugierige folgten ihr, zumindest zeitweilig. Inzwischen hat sich der Hype gelegt, einige der Zugezogenen haben die Uckermark wieder verlassen. Von der Aufbruchsstimmung geblieben sind verschiedene Projekte in und um Gerswalde – von sozial engagierten Initiativen bis hin zu avantgardistischerArchitektur.

Über dem Marktplatz des 1 600-Seelen-Orts erhebt sich eine wehrhafte **Feldsteinkirche** mit Ursprüngen im 13. Jahrhundert. Jüngeren Datums, aber auch eher unscheinbar, ist das **Schloss,** das um 1724 für die Adelsfamilie von Arnim errichtet wurde und heute ein Jugendheim mit Ausbildungsstätten beherbergt. Zu ihm gehört eine romantische **Parkanlage,** in der die Ruine einer mittelalterlichen Wasserburg die Zeit überdauert hat. Mithilfe des Fördervereins **Wasserburg** Gerswalde e. V. restauriert, ist sie mitunter Kulisse von Mittelalterfesten. Neben einem kleinen Fischereimuseum zeigt hier die Gerswalder Heimatstube Alltagsgegenstände aus früheren Jahrzehnten, darunter die alten Bänke der Böckenberger Dorfschule.

Bus & Bahn

- RE3 und Bus 504 über Wilmersdorf, mehrmals tgl., ca. 2 Std. ab Berlin Hbf

Fahrradrouten

- Radfernweg Berlin-Usedom
- Uckermärkischer Radrundweg

GAIA

Der Große Garten auf dem Gelände der ehemaligen Schlossgärtnerei lädt neben Gästehaus und Mode-Showroom Khassel auch zum Essen im Palmenhaus ein.

www.dergrossegarten.de

Sehenswert jenseits des Großen Gartens: die einstige Wasserburg mit Parkanlage

Was tut sich hier?

Dorfmitte Productions e. V.

Mitten im Dorf versucht der Verein rund um engagierte GerswalderInnen mit einer Keramikwerkstatt und zahlreichen Projekten zwischen Zugezogenen und Alteingesessenen zu vermitteln. Um ins Gespräch kommen, wurde beispielsweise ein Heimatgeschichteprojekt durchgeführt, bei dem GerswalderInnen in Audiostücken von ihrem Leben erzählen.

www.dorfmitte.productions

Haus Neudorf

Im Örtchen Neudorf hat der Verein Haus Neudorf e. V. mit einer Begegnungsstätte für Kinder und Jugendliche das Verwaltungsgebäude eines ehemaligen Ritterguts wiederbelebt. Kunstprojekte und Workshops richten sich sowohl an Menschen aus der Region als auch dem Ausland und werden zusammen mit dem Verein MIKUB e. V. durchgeführt. Ziel ist die Armutsbekämpfung und Teilhabe.

www.hausneudorf.de

Libken e. V.

In einem leerstehenden Wohnblock im Ortsteil Böckenberg organisiert der Verein Ausstellungen, Filmvorführungen, Lesungen und andere Veranstaltungen. Neben Seminaren zu Themen wie Care-Arbeit werden Projekte im Bereich Kunst, Kultur, Bewegung und Wissenschaft auf solidarischer Basis angeschoben. Eine Bibliothek versorgt Kinder und Jugendliche im ländlichen Raum mit kostenloser Lektüre.

www.libken.de

17

Gransee

Rund um Luises Himmelbett

Der Besuch gleicht zunächst einer Zeitreise: Nachdem das Ackerbürgerstädtchen von Zerstörungen im Zweiten Weltkrieg verschont blieb, hat sich der mittelalterlich geprägte, **ovale Stadtkern** weitgehend erhalten. Noch dazu umschließt ihn eine fast vollständig intakte **Stadtmauer** aus Feldstein mit sogenannten Weichhäusern, dem Ruppiner Tor mit schön verzierter spätgotischer Backsteinfassade und dem benachbarten Pulverturm. Im Stadtkern stechen das Rathaus aus dem 18. Jahrhundert sowie die spätgotische Kirche **St. Marien** mit schönen Wandmalereien und einem Schnitzaltar aus der Zeit um 1400 hervor. Nicht gleich ins Auge fällt das einstige **Hospital St. Spiritus** mit der Hospitalkapelle von 1300. Heute beherbergt es neben der Touristinformation das liebevoll gestaltete Heimatmuseum, dazu gesellt sich ein kleiner Luise-Salon.

Der beliebten Preußenkönigin huldigt aber vor allem ein gusseisernes **Denkmal** am nahegelegenen Schinkelplatz. Hier wurde ihr Sarg während der Überführung nach Berlin aufgebahrt, nachdem sie am 19. Juli 1810 nur 34 Jahre jung in Hohenzieritz verstorben war. Die Bürger selbst sammelten damals Geld, es kamen 2000 Taler zusammen, und erteilten Schinkel den Auftrag für ein Denkmal, das würdiger Ausdruck der Trauer sei.

Perspektiven

Allerdings ist den mitunter menschenleeren Straßen auch anzusehen, dass Gransee mit Abwanderung und Überalterung zu kämpfen hat. Für mehr Lebensqualität sollen wichtige Projekte wie ein Gesundheitszentrum und ein Kulturzentrum mit Bibliothek im alten Franziskanerkloster sorgen. Außerdem

Bahn

- RE 5, alle 60 Min., ca. 45 Min. ab Berlin Hbf

Fahrradrouten

- Fontane.Rad-Route
- Stechlinseeradweg

Nicht verpassen

- Im Café Miran Cupcakes, Cocktails und mehr probieren

  Rudolf-Breitscheid-Str. 74 | cafe-miran-cafe-gransee.eatbu.com

- Durch die Maulbeeralleen von Zernikow streifen

Bei der Verehrung von Königin Luise will es die Stadt heute nicht bewenden lassen

Könnte mehr Leben vertragen: das Altstadtoval von Gransee

verwandelt sich der verwahrloste Bahnhof in ein Jugendzentrum.

Schon jetzt erleichtern ein Bürgerbus, eine Mitfahr-App oder die Gransee-App den Alltag. Zugang zu regionalen Produkten stellen eine Milch-Tankstelle, eine virtuelle Tausch- und Erntebörse sowie die Regio-Kiste sicher. Um Geflüchtete kümmert sich seit 2014 die Initiative „Willkommen in Gransee" in einem offenen Begegnungshaus.

Attraktionen im Umland

Auch in den umliegenden Dörfern tut sich so einiges. Nur ein paar Kilometer entfernt empfängt in Meseberg das Gästeschloss der Bundesregierung illustre Gäste in einem prachtvollen Barockbau. Weniger Illustre können sich beim **Schlosswirt Meseberg** einmieten, stilvoll speisen und um den Huwenowsee wandern.

Am Bahnhof von Dannenwalde hat der Verein Fuss e.V. einen **Barfußpfad** errichtet, auf dem man über Stock und Stein balancieren kann. Auch die nahe **Zernikower Gutslandschaft** hat sich mit Leben gefüllt: Wo uralte Maulbeeralleen an die Seidenproduktion unter Friedrich dem Großen erinnern, sind BesucherInnen zu Ausstellungen und literarischen Spaziergänge mit namhaften AutorInnen eingeladen. Außerdem setzt man sich für den Erhalt der Alleen ein. Höhepunkt der Aktivitäten ist das **Maulbeerfest** im August.

Was tut sich hier?

Kreatives Schulgebäude in Menz

Nördlich von Gransee bringt der Dorfverein von Menz in der alten Heimatschule die Menschen zusammen. Zu regelmäßigen Veranstaltungen gehören die Sing- und Nähgruppen, Kinoabende und das literarische Kabinett. Außerdem organisiert der Verein Brotfeste oder Lesungen unter Apfelbäumen. Auch wer Unterstützung für private Vorhaben oder einfach nur Werkzeug braucht, wird hier fündig.

www.dorfverein-menz.de

Klosterscheune Zehdenick

In der efeuumrankten Ruine des 1250 gegründeten und 1801 ausgebrannten Nonnenklosters in Zehdenick, östlich von Gransee, hat ein Verein die Klosterscheune in einen lebendigen Kulturort mit Lesungen, Filmabenden, Konzerten und Ausstellungen verwandelt und einen Kräutergarten angelegt.

www.kloster-zehdenick.de

Stechlin-Institut

Mit hohem Anspruch ist der Förderverein Stechlin-Institut e. V. 2015 angetreten, um sozial engagierte Gruppen und Künstler zu fördern und Kunst gesellschaftlich wirksam zu machen. Viele konnten bereits in Form von Kurzzeit-Stipendien von der inspirierenden Umgebung und Ruhe des ehemaligen Gutshaus Neuroofen nördlich von Gransee profitieren.

www.stechlin-institut.org

Das Gästeschloss der Bundesregierung träumt im Ortsteil Meseberg vor sich hin

18 Großräschen

Auf zu neuen Ufern!

Wasser, soweit das Auge reicht. Auf der einen Seite die IBA-Terrassen, wo Ausflugsgäste unter Sonnenschirmen an Cocktails schlürfen, auf der anderen schaukeln Boote im Stadthafen, der von neuen Ufervillen gesäumt wird. 150 Jahre stand die Stadt in der Niederlausitz mit ihren rund 8 500 Einwohnern im Zeichen des Bergbaus, heute ist sie das Tor zum neuen Lausitzer Seenland mit rund dreißig Seen. Millionen Kubikmeter Erde wurden hier mitten in der größten Landschaftsbaustelle Europas bewegt, und Millionen Kubikmeter Wasser sind anschließend geflossen, bis der Tagebau Meuro im **Großräschener See** verschwand. Und mit ihm ein Teil der Stadtgeschichte.

Großräschen ist im 13. Jahrhundert aus einem wendischen Angerdorf hervorgegangen. Lange Zeit hielten die Einheimischen auch an der sorbischen Sprache fest, bis die Bevölkerung sich im Zuge des **Braunkohletagebaus** stark mit Arbeitskräften aus Schlesien, Böhmen und Polen durchmischte. Zum Bergbau gesellte sich um 1900 noch die Ziegelindustrie. Erhalten haben sich am Markt die Stadtkirche und der sogenannte Kurmärker, ein wunderschönes, restauriertes Fachwerkgebäude von 1781, das heute als Veranstaltungs- und Begegnungszentrum sowie Stadtbibliothek fungiert.

Zukunftsweisende Bauausstellung

Nachdem Großräschen äußerlich die Wandlung vom Braunkohle-Industriestandort zur touristischen Seestadt absolviert hat, muss es die neue Rolle auch mit Leben füllen.

Bahn

- RB 24 alle 60 Min., ca. 90 Min. ab Berlin Ostkreuz

Fahrradrouten

- Tour Bergmann trifft Seemann
- Energie-Route Lausitzer Industriekultur

Nicht verpassen

- Von Rafael bis Renoir: im Fälschermuseum im Seehotel über die Meisterschaft der Kopisten staunen

  seehotel-grossraeschen.travdo-hotels.de

- Eine Weinbergführung mit Weinprobe machen

  Seestraße 100 | www.weinbauwobar.de

Hinterlassenschaft der Bauausstellung: IBA-Terrassen am Großräschener See

Förderung gibt es dabei als Modellstadt des Programms „Meine Stadt der Zukunft" vom Land Brandenburg.

Die Internationale Bauausstellung (IBA) hat der Stadt seit dem Jahr 2000 eine beachtliche Metamorphose beschert. Zehn Jahre lang begleiteten Fachleute die Entwicklung der Bergbaufolgelandschaft und verhalfen dem neu entstehenden Seenland zu einem gewaltigen Innovationsschub. Geblieben sind unter anderem die **IBA-Terrassen** am Seeufer mit Besucherzentrum, das geführte Rad-, Schiffs- und andere Touren organisiert. Aus einem ehemaligen Ledigenwohnheim der Ilse Bergbau AG wurde das Seehotel Großräschen. Neben komfortablen Zimmern gibt es dort ein **Fälschermuseum**, für das 80 täuschend echte Kopien von Meisterwerken wie der Mona Lisa angefertigt wurden. Schöne Aussichten genießt man von der Victoriahöhe, aufgeschüttet aus Verkippmassen des Tagebaus Meuro. Der Blick schweift über Hafen, See, das neue Grillrestaurant Haus Vier und den 2007 entstandenen **Weinberg**, auf dem Reben der Sorten Solaris, Johanniter und Cabernet blanc für preisgekrönte Weißweine wachsen.

Ein neuer Name für das neue Lausitzer Seenland

Was tut sich hier?

Nachwuchs-Literaturzentrum

Ein Ankerpunkt in der Lausitz ist der Verein „Ich schreibe“ e. V. in der Gartenstadt Marga bei Senftenberg südlich von Großräschen. 2007 gegründet, versucht er mit unterschiedlichen Aktionen die Lese- und Schreibkompetenz von Erwachsenen, Kindern und Jugendlichen zu fördern. Dazu gehören szenische Lesungen, Künstlertreffen, das Lausitzer Lyrikfestival und Aufführungen der Puppenbühne mit der Leseratte Raz. Außerdem hat der Verein den „Autorenkreis Kornblume“ ins Leben gerufen und die Lausitzer Literatursammlung erweitert.

www.nlz-ich-schreibe.de

Musikbahnhof Annahütte südwestlich von Großräschen

Im Musikbahnhof von Annahütte dürfen Musiker so laut sein, wie sie wollen. Schon 1967 wurde er stillgelegt und wäre beinahe zusammen mit dem hübschen Dorf abgebaggert worden. Inzwischen saniert, ist das Gebäude zum inspirierenden Retreat für Musiker geworden. Ob Pianisten oder Schlagzeuger, Solisten oder Bands – hier können sie proben und aufnehmen. Herz des Hauses ist das schallisolierte Studio mit jeglichem Equipment. Selbstversorgerküche und Gästezimmer mit Blick auf den Silbersee ergänzen das Angebot.

https://musikbahnhof-annahuette.de

19 Halbe

Bahnhöfe der Hoffnung

Traurige Berühmtheit hat der Ort im idyllischen Schenkenländchen erlangt, nachdem er 1945 Schauplatz einer schrecklichen Kesselschlacht war, bei der um die 30 000 meist blutjunge Soldaten und rund 10 000 Zivilisten ums Leben kamen. Ihre letzte Ruhe fanden sie auf dem **Waldfriedhof Halbe,** wobei diese in früheren Jahren regelmäßig durch Aufmärsche von Neonazis gestört wurde. Inzwischen hat ein Aktionsbündnis gegen Gewalt, Rechtsextremismus und Fremdenfeindlichkeit dem unrühmlichen Heldengedenken ein Ende gesetzt. Eine Open-Air-Ausstellung auf dem Friedensvorplatz klärt mittlerweile über die historischen Zusammenhänge auf.

Heute hat Halbe ganz andere Attraktionen: Wer aus dem Zug steigt, wird von einem ansprechenden historischen Gebäudeensemble bestehend aus dem **Kaiserbahnhof** und der **Esperanto-Stacio** – zu Deutsch Esperanto-Bahnhof – empfangen. Der prunkvolle Kaiserbahnhof wurde 1865 für Kaiser Wilhelm I. gebaut und wird heute als Event-Location vermarktet.

Sein Nachbargebäude fühlt sich der Esperanto-Bewegung verpflichtet. Der **Esperanto-Stacio** widmet sich vor allem dem Thema Sprachen und behauptet sich als internationale Kultur- und Begegnungsstätte. Zusammen mit dem Verein Halbe Welt e. V., hervorgegangen aus dem Aktionsbündnis gegen das faschistische Heldengedenken, werden hier Lesungen veranstaltet, das sogenannte **LingvaFest,** aber auch Aktivitäten im Bereich Kinderkunst. Als kultureller Ankerpunkt will der Verein mit den Bahnhöfen den Strukturwandel in der Lausitz im Kulturdreieck Luckau-Halbe-Lieberose begleiten.

Bahn

- RB 24 stdl. ab Flughafen BER, bis dahin mit FEX, ca. 70 Min. ab Berlin Hbf

Fahrradrouten

- Dahmeradweg

Nicht verpassen

- Im klaren Tonsee baden, wo früher Lehm für Ziegel gegraben wurde. Nur ein paar Gehminuten von der Esperanto-Stacio.

Mit der Renaissance seiner Bahnhöfe erfindet sich Halbe neu

Beeindruckender Kontrast zum Soldatenfriedhof: der restaurierte Kaiserbahnhof

20 Herzberg (Elster)

Pionierarbeit einer Kreisstadt

Weitab von urbanen Zentren ist die Stadt an der Schwarzen Elster so etwas wie ein Geheimtipp für Zuzugswillige. Seit 1993 Kreisstadt von Elbe-Elster hatte sie lange mit Abwanderung zu kämpfen, doch nachdem die Altstadt saniert wurde, sind viele junge Familien zurückgekehrt. Dazu haben auch die gemeinnützigen Elster Werke, einer der größten Arbeitgeber im Südwesten Brandenburgs beigetragen.

Herzberg überrascht mit einem perfekt sanierten **historischen Stadtkern**. Der langgestreckte Markt ist ein Gesamtkunstwerk in Pastell. Heraus sticht die große Stadtpfarrkiche St. Marien, ein spätgotischer Backsteinbau. Im Inneren haben sich wunderbare Gewölbemalereien aus dem 15. Jahrhundert und eine Rühlmann-Orgel aus dem Jahr 1896 erhalten. Das Gewicht der Renaissancekanzel ruht auf dem Kopf einer robusten Paulusstatue. Die Seitenflügel werden als temporäres Kino und vom Stadtlabor genutzt, dem Projektbüro von Herzberg.digital.verein.t. Der Verein bemüht sich, die Lebensqualität mit Hilfe von Digitalisierung zu verbessern.

Ein besonderes Kleinod ist der kleine **Botanische Garten,** in dem die verträumte **Marxsche Villa** auf ihre künftige Nutzung wartet. Hoch her geht es in der Parkanlage im Frühsommer beim Pfingstrock-Festival. Ein Stück weiter lockt der **ElsterPark** mit einer innovativen, auch architektonisch interessanten Bildungs- und Begegnungsstätte, dem Hotel Traumhaus und dem Restaurant Blauhaus ans Ufer der Schwarzen Elster.

Bus & Bahn

- RE 3, alle 2 Std., ca. 90 Min. ab Berlin Hbf bis Bahnhof Herzberg, weiter mit Bus 520 bis Markt

Fahrradrouten

- Tour Brandenburg
- Radroute Historische Stadtkerne

Nicht verpassen

- Flanieren im Botanischer Garten
- Einkehren im Café Plätzchen

  www.der-brot-graf.de
- In der Buchhandlung Bücherkammer stöbern

  www.buecherkammer.de
- Im Hotel Traumhaus mit Restaurant Blauhaus entspannen

Auch wenn die Zukunftsvilla baufällig ist, ist sie Hoffnungsträger von Herzberg

Was tut sich hier?

Radeln in die Zukunft#Villa

Ein echtes Juwel ist die Marxsche Villa im Jugendstil inmitten des Botanischen Gartens. Doch müsste sie für eine öffentliche Nutzung grundlegend restauriert werden. Nicht nur dafür braucht es ein Konzept. Gleichzeitig fehlt es in der autozentrierten Stadt an einem sicheren Rad- und Fußwegenetz. Um beides voranzubringen, sind die EinwohnerInnen unter dem Motto „Radeln in die Zukunft#Villa" mehrmals im Jahr dazu aufgerufen, Wünsche, Bedürfnisse und Visionen einzubringen. Gemeinsam erradeln sie elf Ortsteile und sammeln Anregungen, die in einer Ausstellung dokumentiert werden und in Veranstaltungen münden.

www.herzberg-elster.de

Comeback Elbe-Elster in Finsterwalde

Speziell an die Anliegen von RückkehrerInnen richtet sich die Willkommens-Agentur Comeback Elbe-Elster mit Sitz im benachbarten Finsterwalde. Mit einem Co-Working-Space und Beratungsangeboten unterstützt sie Zuzugswillige kostenfrei bei der Arbeits- und Wohnungssuche, Existenzgründung, Kinderbetreuung und Vernetzung.

www.comeback-ee.de

Herzberg digital.verein.t

Aus der Idee der Vernetzung von Vereinen und Ehrenamtlichen ist inzwischen die Herzberg-App entstanden. Das Stadtlabor in der St. Marienkirche lädt alle ein, diese weiterzuentwickeln.

https://herzbergdigitalvereint.de

21 Klein Leppin

Oper im Schweinestall

Auf den ersten Blick ist es ein unscheinbarer, wenn auch durchaus idyllischer Weiler. Am Flüsschen Karthane hat eine Wassermühle aus dem 16. oder 17. Jahrhundert die Zeit überdauert, das ehemalige Herrenhaus wird romantisch von zwei Flussarmen umspült. An der Mühlenwiese bieten derweil kleine Bungalows neben Heuquartieren und Ferienwohnungen Gästen Unterkunft. Und die braucht es, zumindest im Sommer, denn dann herrscht hier mitunter Hochbetrieb. Wenn Klein Leppin, ein Ort mit rund 60 Einwohnern, Oper macht, stürmen jede Menge Gäste den Ort.

Wenn nicht gerade Musik spielt, ist das idyllische Klein Leppin Etappenziel von Pilgern, die von Berlin aus die Wunderblutkirche von Bad Wilsnack ansteuern. Ein nahegelegener Aussichtsturm eröffnet einen schönen Blick über die Landschaft, deren Flora und Fauna man auf dem Karthane-Lehrpfad erkunden kann.

Im 10 Fahrradminuten entfernten Nachbarort **Groß Leppin** gibt es eine schöne Feldsteinkirche aus dem 14. Jahrhundert zu bewundern. Außerdem führen hier Grabsteine auf die Spuren der Adelsfamilie von Saldern, die vom 16. Jahrhundert bis 1945 in **Plattenburg** residierte, das sich in weiteren 10 Minuten mit dem Fahrrad erreichen lässt. Die dortige Wasserburg ist die Hauptattraktion der Gegend. Im 12. Jahrhundert errichtet, diente sie den Havelberger Bischöfen als Sommerresidenz. Mit Unter- und Oberburg, vom Wasser umspült, ist sie beliebte Kulisse für Hochzeiten, Konzerte und Mittelalterspektakel. Ein kleines Museum vor Ort erzählt ihre Geschichte.

Bus & Bahn

- RE 2 alle 60 Min. ab Berlin Hbf bis Glöwen, dann Rufbus (0 38 76 78 99 40) oder 5 km zu Fuß oder per Rad

Fahrradrouten

- Bischofstour Prignitz

Zu Fuß

- Pilgertour Berlin Bad Wilsnack

Nicht verpassen

- Vom Aussichtsturm aus die Landschaft überblicken
- Auf dem Karthane-Lehrpfad zur Wassermühle laufen
- Sich von der nahe gelegenen Plattenburg beeindrucken lassen

Wann war jemals ein Schweinestall Kulisse für die Oper „Acis und Galatea"?

Was tut sich hier?

Dorf macht Oper

Ein 60-Seelen-Dorf, das eine ganze Oper stemmt? Hochkultur in der tiefsten Provinz? In Klein Leppin ist diese Utopie Realität geworden. Das Projekt, das 2021 mit dem Berlin-Brandenburg-Preis ausgezeichnet wurde, nahm 2003 seinen Anfang, als der Klein Leppiner Musiker Steffen Tast den Verein FestLand e. V. gründete und erstmals eine Oper inszenierte. Mithilfe von SchülerInnen, LehrerInnen der umliegenden Schulen, der Kreismusikschule, aber auch professionellen MusikerInnen und vielen Helfern unter den Klein Leppiner BewohnerInnen wird nun Jahr für Jahr eine Inszenierung auf die Beine gestellt. Und zwar im ehemaligen Schweinestall, der in eine Festlandbühne mit ländlichem Charme verwandelt wurde.

Längst hat das Projekt mit seiner hohen Qualität weit über die Region hinaus unzählige Anhänger gefunden, aber auch eine inhaltliche Erweiterung erfahren. Themen aus der Prignitz, wie der Kampf gegen Windräder, werden aufgegriffen und statt Oper gibt's auch mal „Rock im Stall". Auch für ein Landfest mit regionalem Handwerk findet sich Platz auf der Bühne. Einen besonderen Stellenwert nimmt inzwischen die Arbeit mit Kindern aus der Prignitz ein, die beispielsweise in Sommercamps an gemeinsamen Kunstprojekten werkeln. Auch Umweltfragen werden thematisiert. Dazu haben sich die engagierten Akteure sogar mit Partnervereinen aus der Slowakei und Ungarn vernetzt.

www.dorf-macht-oper.de

22 Kyritz

Auftrieb für die Knatterstadt

Schön gelegen an einer ganzen Kette von idyllischen Seen lockt das Städtchen mit herausgeputzten Fachwerkhäusern, Resten der einstigen Stadtmauer und anderen historischen Bauten rund um den zentralen Markt. Die stattliche Pfarrkirche St. Marien lässt erahnen, dass Kyritz im Mittelalter eine blühende Handwerker- und Hansestadt gewesen sein muss.

Die Altstadt lässt sich gut mit dem kostenlosen Audioguide der AG Historische Stadtkerne erkunden. Dabei erfährt man, dass die frühere Hansestadt nicht etwa an der „Knatter", sondern an der Jäglitz liegt. Der einprägsame Beiname geht auf die Wassermühlen zurück, die früher am Fluss für lautes Geknatter sorgten.

Herzstück des Orts ist der langgestreckte Markt. In seiner Mitte breitet eine ausladende Friedenseiche ihre Äste aus, rundum setzen das Rathaus mit seiner Backsteinfassade im Tudorstil, ein prächtiges Jugendstilgebäude und das Geburtshaus von Carl-Friedrich Diercke hübsche Akzente. Viel jünger ist der **Bassewitzbrunnen,** den der Bildhauer Jan Witte-Kropius 1996 zur 750-Jahr-Feier der Stadt entwarf. Gewidmet ist er den tapferen Frauen von Kyritz, die im Mittelalter mit Töpfen voll heißem Brei den Raubritter Bassewitz in die Flucht schlugen. Leicht zu übersehen ist die selbstironische Gedenktafel am Markt, die mit der Aufschrift „Nichts" an den Moment erinnert, an dem hier nichts passiert.

Das Zentrum überragt die spätgotische Pfarrkirche **St. Marien,** die im 19. Jahrhundert durch eine neugotische Fassade mit Doppelturm

Bahn

- RB 73 alle 60 Min. ab Neustadt/Dosse, bis dahin mit RE 2, alle 60 Min., ca. 70 Min. ab Berlin Hbf

Fahrradrouten

- Radroute Historische Stadtkerne 2
- Fontane.Rad-Route
- Dosse-Städte-Tour

Nicht verpassen

- Im Strandbad am Untersee baden
- Einen Abstecher zum Ausflugslokal INSL auf der Insel im Untersee machen
- Die Theaternächte der Kyritzer Knattermimen im Klostergarten erleben

Hier entsteht rund um das ehemalige Franziskanerkloster ein neues Kulturquartier

Was tut sich hier?

Kulturquartier im Klosterviertel

Das wichtigste Projekt der Stadt ist das neue Kulturviertel, das im ehemaligen Franziskanerkloster entsteht, einem besonders lauschigen alten Gemäuer am Rand der historischen Altstadt.
Mit einer Bibliothek in der ehemaligen Brennerei und einem Museum für Stadtgeschichte soll es ein lebendiger Ort der Begegnung und des Austauschs werden. Darauf arbeitet die Arbeitsgemeinschaft Klosterviertel mit ehrenamtlich Engagierten hin. Bürgerinnen und Bürger, insbesondere Schülerinnen und Schüler sind eingeladen, im regelmäßig stattfindenden Museumslabor ihre eigenen Geschichten in das Projekt einzubringen.

www.kyritz.de

Gutshaus Gantikow

Fünf Kilometer südöstlich von Kyritz hat sich im Örtchen Gantikow ein Gutshaus mit Parkanlage am Gantikower See erhalten, das auf einen mittelalterlichen Rittersitz zurückgeht und während seiner ereignisreichen Geschichte immer wieder überformt wurde. Inzwischen gehört das Gebäude dem Verein Offene Häuser e. V., der mit der Initiative Open Houses besondere Objekte mit kollektivem Engagement saniert und für die Öffentlichkeit zugänglich macht. Inzwischen wurde das Gebäude in einen eher einfach ausgestatteten Ort für Seminare und Veranstaltungen mit Schlafräumen und Selbstversorgerküche hergerichtet.

www.openhouses.de

umgestaltet wurde. Im Kircheninneren erklingt bisweilen die größte romantische Orgel Brandenburgs.

Franziskanerkloster

In den letzten Jahrzehnten hatte die Gemeinde mit ihren rund 9 300 EinwohnerInnen allerdings mit dem demografischen Wandel und Leerstand zu kämpfen. Einen wichtigen Impuls für das Stadtleben setzt in diesem Zusammenhang das Großprojekt um das frühere Franziskanerkloster, das sich in ein ganz neues Kulturviertel verwandeln wird und dabei verschiedene Bevölkerungsteile zusammenbringt. Bei den Planungen werden insbesondere die jungen BürgerInnen einbezogen. Sie spielen auch eine wichtige Rolle beim Programm RaumPionierZukunft: Kinder und Jugendliche planen hier als ExpertInnen in eigener Sache Projekte und gestalten so die Zukunft der Stadt mit. Im Sommer sind sie außerdem vom Verein STATTwerke e. V. zu einem Poesiefestival und zur Schreibwerkstatt „Club der roten Dichter" eingeladen. Oder ins Waldkino, wo sie mit professionellen Filmemachern drehen können und Vorführungen unter Bäumen stattfinden.

Wer reif ist für die Insel, tuckert über den Untersee zum Ausflugslokal INSL

Kyritzer Knattermimen

Schon seit 1995, als in Kyritz das erste Bassewitzfest rund um den legendären Bösewicht gefeiert wurde, bringen die Kyritzer Knatterminen Kultur in die Region. Mit viel Herzblut werden Theateraufführungen, Konzerte und ganze Festivals gestemmt. Diese haben schon Mitte der 1990er-Jahre das Areal rund um das alte Franziskanerkloster belebt, lange bevor es als Kulturquartier im Gespräch war. Besonders stimmungsvoll sind die Theaternächte im Klostergarten, die hier im Frühsommer unter freiem Himmel stattfinden. Später im Jahr steht eine stimmungsvolle Klosterweihnacht auf dem Programm.

www.knattermimen.de

Kulti Kyritz

Nachdem sich lange Zeit niemand für das frühere Kulturhaus interessierte, hat sich der Verein Kulti Kyritz e. V. des rekonstruierten Gebäudes angenommen und daraus mit viel Engagement und Fördermitteln einen lebendigen Ort für Kultur und Begegnung gemacht. Im „Haus für Kyritz“ wechseln Fotoausstellungen, Konzerte des Brandenburgischen Konzertorchesters, Krippenspiele oder Tanzabende ab mit offiziellen Veranstaltungen wie zum Beispiel der Preisverleihung im Wettbewerb „Unser Dorf hat Zukunft“. Außerdem kann man das Gebäude für private Feiern mieten.

www.kulturhaus-kyritz.de

23 Lehnin

Kultur und Klimaschutz

Wunderbar verträumt liegt Kloster Lehnin, die erste Zisterziensergründung auf märkischem Boden, eingebettet in die reizvolle Landschaft zwischen Havelland und Fläming. Eine einzigartige Oase der Ruhe. Dass man sich ausgerechnet hier am Puls der Zeit bewegt, würde man nicht unbedingt vermuten. Doch genau das tun hier eine Reihe von Menschen, die sich in Sachen Kultur, Bildung und Klimaschutz engagieren und den mittelalterlich geprägten Ort nachhaltig beleben.

Gegründet wurde das Kloster um 1180 von Markgraf Otto I. von Brandenburg, 1183 zogen die ersten Zisterziensermönche hierher und begannen mit dem Bau einer repräsentativen dreischiffen Pfeilerbasilika. Mit ihrer schlichten Architektursprache wurde die **Klosterkirche St. Marien** zu einem Meisterwerk der norddeutschen Backsteinkunst.

Um die Kirche gruppieren sich weitere Wirtschaftsgebäude: das prachtvolle **Königshaus**, ein spätgotischer Backsteinbau mit filigranem Zierfries, der heute für Veranstaltungen genutzt wird, der alte Kornspeicher mit schönen Spitzbogenarkaden und ein Torhaus mit Kapelle. Heute nutzt das Evangelische Diakonissenhaus Berlin das Klosterareal für ein Altenheim, eine Klinik sowie eine Begegnungs- und Fortbildungsstätte mit Gästehaus. Im barocken Amtshaus ist neben dem **Kloster-Café** eine Ausstellung über das Leben der Zisterzienser untergekommen. Kultureller Jahreshöhepunkt sind die **Lehniner Sommermusiken.**

Bus & Bahn

- RE 1 nach Götz und weiter mit dem Bus, alle 60 Min.
  oder RE 7 bis Beelitz-Heilstätten und weiter mit dem Bus, alle 60 Min., beide ca. 1 Stunde 15 Min. ab Berlin Hbf

Fahrradrouten

- Tour Brandenburg
- Fontane.Rad-Route

Nicht verpassen

- Hotel Markgraf mit guter österreichischer Küche und Fahrradverleih

  Friedenstraße 13 | www.hotel-markgraf.de
- Skulpturenpark und Ufercafé am Klostersee
- Im Backofenmuseum Emstal (3 Kilometer südöstlich von Lehnin) ein frisches Brot knuspern

  https://backofen-emstal.de

Kultur findet in Lehnin nicht nur in der Klosterkirche statt

Was tut sich hier?

Kunstoase am Klostersee

Idyllisch gelegen am Ufer des Klostersees bereichert das Lehniner Institut für Kunst und Kultur e. V. den historisch geprägten Ort mit lebendiger Kultur- und Bildungsarbeit. Bereits 1990 gegründet, hat der Verein von rund siebzig Kunst- und Kulturschaffenden ein ehemaliges Sägewerk, einen Pferdestall, eine alte Feriensiedlung und einen Kunst-Neubau in opulente Ausstellungs-, Theater und Veranstaltungssflächen, Seminarräume und Werkstätten verwandelt. Hier stellen zeitgenössische Künstler ihre Werke aus, vermitteln ihre Praktiken aber auch an Erwachsene, Jugendliche und Kinder. Das Projekt ist gut vernetzt mit ortsansässigen Schulen. Weiterhin sind Interessierte zu Tanz-, Schmiede- oder Näh-Workshops eingeladen. Dazu gesellt sich ein **Ufercafé** mit Skulpturenpark am Wasser. Das nachhaltig arbeitende Projekt bezieht siebzig Prozent der Energie aus erneuerbaren Trägern.

www.kunstortlehnin.de

Lehniner Sommermusiken

Es gibt kaum einen schöneren Rahmen für sommerliche Konzerte als das historische Ambiente der Klosterkirche oder des Kreuzgangs von Lehnin, wo von Juli bis September die Lehniner Sommermusiken stattfinden. Sie widmen sich jeweils einem anderen Thema oder Land und decken verschiedene Genres von Barockmusik über Oper und Chanson bis Rock ab. Mitunter sind auch erfahrene Chorsänger zum Mitsingen eingeladen.

www.klosterkirche-lehnin.de

24 Letschin

Kreativ im Oderbruch

Das Oderbruch, das mit einer Fläche von 700 Quadratkilometern die natürliche Grenze zu Polen bildet, ist einer der einsamsten Landstriche der Mark. Hauptdarsteller ist hier die flache Landschaft, die dem Blick erlaubt, in eine scheinbar unendliche Weite zu schweifen. Etwa 8 Kilometer vom Fluss entfernt liegt der knapp 4 000 Einwohner zählende Ort Letschin, um den herum sich allerlei Kreative angesiedelt haben, die die Einsamkeit zu schätzen wissen. Inzwischen wird aber auch an der digitalen und ökologischen Zukunft der Gegend gearbeitet.

Nach starken Zerstörungen im Zweiten Weltkrieg bietet Letschin kein einheitliches Bild. Von der Evangelischen **Kirche** ist nur der 1815 nach Plänen Schinkels errichtete Turm stehengeblieben. Gerettet wurde immerhin das Denkmal für Friedrich den Großen. Die Gemeinde hatte es 1905 in Auftrag gegeben, da Friedrich mithilfe von Kolonisten für die Trockenlegung des Oderbruchs gesorgt und damit die Grundlage für die landwirtschaftliche Nutzung der Gegend geschaffen hatte.

Auch die **Fontane-Apotheke,** in der Theodor Fontanes Vater zwölf Jahre lang wirkte, steht noch in der Friedrichstaße, allerdings wurde sie nach einem Brand 1866 wiederaufgebaut. Mehr über die Regionalgeschichte ist in den **Letschiner Heimatstuben** im hübsch rekonstruierten Armenhaus zu erfahren.

Im alten Bahnhof betreibt derweil der Eisenbahnverein ein kleines Museum. Dank des Vereins Altes Kino Letschin e. V. hat sich außerdem mit dem **Haus Lichtblick** in der Karl-Marx-Straße eins der letzten kommunalen Kinos im Land Brandenburg erhalten und in eine kleine

Bahn

- RE 3 und RB 60 alle 60 Min. über Eberswalde, ca. 1 Std. 50 Min. ab Berlin Hbf

Fahrradrouten

- Oder-Neiße-Radweg
- Europaradweg R1

Nicht verpassen

- 4 Kilometer flussabwärts im Kulturhafen in Groß Neuendorf im Verladeturm am Hafen Kaffee trinken und den tollen Ausblick genießen. Oder nebenan im alten Bahnwaggon übernachten.

Hafenstraße 1a | www.verladeturm.de

Rund um den Turm der Evangelischen Kirche wächst das Engagement

Kulturstätte mit Café und Bibliothek verwandelt. Der Kinosaal bietet nicht nur der Ökofilmtour, sondern auch Lesungen, Diskussionsrunden und Kabarett eine Bühne.

Groß Neuendorf und Kienitz

Im 10 Kilometer entfernten Ortsteil Groß Neuendorf lockt der Kulturhafen an der Oder. Wahrzeichen ist der **Ehemalige Verladeturm,** der heute ein Café und eine Ferienwohnung mit tollem Ausblick beherbergt. Alternativ kann man in alten, gut ausgestatteten Waggons unterkommen, die am Wasser stehen, oder im Hotel im ehemaligen Maschinenhaus. Am Ende der Alten Dorfstraße liegt die hübsche Backsteinkirche von 1850, ein Stück weiter ein kleiner jüdischer Friedhof. Einen Abstecher lohnt die Galerie Koch und Kunst, die mit Ausstellungen und Foto-Workshops lockt (www.kochundkunst.de).

Im Nachbarort Kienitz erinnert ein sowjetischer Panzer daran, dass der Ort der erste westlich der Oder war, der 1945 von der Roten Armee auf ihrem Weg nach Berlin eingenommen wurde. Auch hier gibt es einen kleinen Hafen mit Gasthaus und der hübschen Radwegekirche.

Das Alter der Stadt ist kein Ruhekissen, sondern spornt viele zu Innovationen an

Was tut sich hier?

Co-Working in der Alten Schule

Ein munterer Co-Working-Space hat sich seit 2018 in der Alten Schule Letschin etabliert, der mit Cafébar und guter technischer Ausstattung beliebter Treffpunkt für digitale Nomaden ist. Hier gibt es auch Übernachtungsmöglichkeiten im neuen Hostel oder dem Caravan- und Wohnmobil-Stellplatz auf dem Hof.

www.coworking-oderbruch.de

Kunst-Loose-Tage in Wilhelmsaue

Der kleine Ort Wilhelmsaue ist das Zentrum der Kunst-Loosen-Tage, die jeweils um Himmelfahrt herum mit offenen Ateliers, Werkstätten und Galerien Kunstinteressierte von weither ins Oderbruch locken. Außerdem organisiert der Förderverein Wilhelmsaue e. V. auch immer wieder Kunstmärkte.

www.kunst-im-oderbruch.de

Hof Basta

Auf diesem selbstorganisierten Hof baut der gemeinnützige Verein Bastaer Loose e. V. Obst und Gemüse nach ökologischen Prinzipien an und versorgt so eine Gemeinschaft von rund 150 Haushalten, die mit einem bestimmten Geldbetrag die Landwirtschaft finanzieren. Alle teilen sich alle Aufgaben, um eine gewisse Ernährungssouveränität unabhängig von Marktpreisen zu erreichen.

www.hof-basta.de

25 Luckau

Barockstadt mit Kulturkirche

Nördlich vom Naturpark Niederlausitzer Landrücken liegt die alte Kaufmannsstadt Luckau. Jede Menge Wasser und lauschiges Grün umschließen den historischen Stadtkern mit seinen **barocken Giebelhäusern** und der fast vollständig erhaltenen **Festungsmauer**. Über die Region hinaus bekannt wurde Luckau durch die Landesgartenschau 2000, die der Stadt zusätzlich zu den Gärten am Schlossberg den heutigen Stadtpark mit großem Weiher zwischen Obstbäumen und Wiesen beschert hat.

Innerhalb der Stadtmauer reihen sich reich verzierte Bürgerhäuser um den großen, neugestalteten Markt. Sie zeugen von Luckaus früherem Reichtum als Handelsstadt. Damals konnte sie sich auch Sakralbauten wie die imposante, gotische Pfarrkirche **St. Nikolai** leisten, die mit einer kunstvollen, barocken Ausstattung überrascht.

Neben der spätromanischen Georgenkapelle mit einem 47 Meter hohen Turm und dem klassizistischen Rathaus ist die **Kulturkirche** eine Errungenschaft neueren Datums. Sie ging 2008 aus dem ehemaligen Dominikanerkloster hervor, das jedoch bis 2005 als Gefängnis diente. Jetzt sind hier die Touristinformation, die Stadtbibliothek und das **Niederlausitzmuseum** untergebracht, das nicht nur die Geschichte der Stadt aufrollt, sondern auch die der ehemaligen Justizvollzugsanstalt. Ihr prominentester Insasse war der Sozialist Karl Liebknecht, dessen Zelle hier noch zu sehen ist. Schließlich wurde auch noch aus dem benachbarten Hafthaus, einem mächtigen Backsteingebäude, das Kreisarchiv.

Bahn

- RE5 alle 60 Min. nach Luckau-Uckro und weiter mit dem Bus, oder RE2 alle 60 Min. nach Calau und weiter mit dem Bus

Fahrradrouten

- Radroute Historische Stadtkerne
- Dahme-Radweg

Nicht verpassen

- Kaffee und Kuchen in der Bäckerei Bubner probieren, in den schönen Räumen des historischen Café Graf

  Hauptstraße 3

- Durch den herrlichen Landschaftsgarten bei Fürstlich Drehna streifen

Wasser und Grün umzingeln den alten Stadtkern

Was tut sich hier?

Ideenschmiede Projektraum Drahnsdorf

Innovative Energie geht von dem 17 Kilometer nordwestlich gelegenen 350-Seelen-Örtchen Drahnsdorf aus. Aus der dortigen Gutsanlage des preußischen Ministers Otto von Manteuffel mit Stall, Pfarrhaus und großem Garten haben nach langem Leerstand Andrea Weigt und Cyrus Khazaeli 2012 eine Art Laboratorium und Ideenschmiede für Gruppen, Unternehmen und andere Institutionen gemacht, die die ländliche Abgeschiedenheit für inspirierende Auszeiten nutzen wollen. Die drohende Stilllegung der Bahnstrecke konnte erfolgreich abgewendet werden. Nun setzt sich der Projektraum in Dorfgesprächen und mit lokalpolitischem Engagement für die Kreislaufwirtschaft im Ort, den Aufbau einer Gesundheitshochschule im benachbarten Schloss Golßen, eine Kita und weitere Projekte ein.

www.projektraum-drahnsdorf.de

Völkerverständigung durch gemeinsames Musizieren

Der Verein Musik und Leben e. V. ist Trägerverein des Orchesters „grenzenlos", das die enge Kooperation mit polnischen, litauischen oder rumänischen Partnerinstitutionen aus dem Bereich der Musik pflegt. So hat das Orchester beispielsweise mit rund fünfzig Musikern aus Luckau und Umgebung zusammen mit polnischen Kollegen eine eigens komponierte Friedenssinfonie in verschiedenen Ländern aufgeführt.

www.verein-musik-und-leben.de

Trotz der innovativen Stadtentwicklung hat Luckau mit Überalterung und fehlenden Arbeitsmöglichkeiten zu kämpfen. Dem entgegen wirken Kunst- und Kulturprojekte wie die Spektrale, die hier immer mal wieder stattfindet. Außerdem hat sich Luckau mit Halbe und Lieberose zum Kulturdreieck Dahme Spreewald verbunden, das als regionaler kultureller, vom Land Brandenburg geförderter Ankerpunkt die unterschiedlichsten Menschen der Region in Verbindung bringen soll. Dafür setzen sich auch Vereine wie Musik und Leben e. V. oder Mensch Luckau ein.

Fürstlich-Drehna

Im 19 Kilometer entfernten Ortsteil hat sich eine einzigartige Einheit aus historischem Dorfkern, Schloss, Landschaftsgarten sowie Wiesen- und Teichlandschaft erhalten. Hauptattraktion ist das mächtige **Wasserschloss,** das im 13. Jahrhundert als Ritterburg entstand und 1663 Herrschersitz wurde. Inzwischen ist es ein luxuriöses Schlosshotel, aber auch Nicht-Hotelgästen steht der wunderbare von Peter Joseph von Lenné gestaltete Landschaftsgarten samt Badesee offen. Für seinen Erhalt setzt sich der Kultur- und Heimatverein ein.

Neben schönen Fassaden lockt Luckau mit seiner wegweisenden Kulturkirche

Naturpark Niederlausitzer Landrücken

Südwestlich von Luckau dehnt sich der Naturpark Niederlausitzer Landrücken zwischen Wäldern, Mooren, kleinen Bächen und den Bergbaufolgelandschaften des Kohleabbaus mit sechs großen Seen aus. Im Herbst rasten hier unzählige Wildgänse und Kraniche. Mehrere Ausgangspunkte bieten sich für Spaziergänge, Wanderungen, Radtouren und andere Naturerkundungen an. Mehr ist in der Naturpark-Info der Heinz Sielmann Stiftung in Wanninchen südlich von Luckau zu erfahren.

www.niederlausitzer-landruecken-naturpark.de

Gasthof Zum Hirsch – Kulinarisch-kultureller Leuchtturm

Die sehr gute regionale Küche und die gemütliche Atmosphäre sprechen allein schon für einen Besuch im Gasthof Zum Hirsch, wenn man den Landschaftspark um das Wasserschloss Fürstlich Drehna durchstreift hat. Das historische Wirtshaus ist aber auch eine kulturelle Institution mit Strahlkraft weit über das winzige Dorf hinaus. Der barocke Gasthof von 1780 bekam 1920 einen Saal im Stil eines Schiffsrumpfs mit Bullaugen und Empore verpasst. Der eignet sich hervorragend für Kabarettabende oder Krimi-Dinner mit Mitwirkenden der Theaterloge Luckau.

www.fuerstlichdrehna.de

26 Luckenwalde

Immer schon modern

Weit über die Region hinaus steht Luckenwalde mit Bauten im Stil des Expressionismus und der Neuen Sachlichkeit bei Architekturfans hoch im Kurs. Die modernen Gebäude sind Zeugen der industriellen Blüte, die die Stadt im ausgehenden 19. und frühen 20. Jahrhundert erlebte. Nach der Wende hatte auch Luckenwalde mit den üblichen Problemen zu kämpfen, arbeitet aber beharrlich an seiner Attraktivität.

Im Zentrum laden inzwischen Sitzgelegenheiten und Wasserspiele zum Verweilen am Boulevard ein. In den Bahnhof und einen Neubau mit goldschimmernder, schuppenartiger Haut ist eine **Bibliothek** mit Café eingezogen, die sich mit Lesenächten, Bücherflohmärkten und Theaterspiel zu einem kleinen Kulturzentrum entwickelt hat. Auch das alte Gaswerksgelände mit Direktorenhaus erstrahlt in neuem Glanz.

Doch gilt es noch so manchen Schatz zu heben. Auf der Wunschliste steht neben der kreativen Nachnutzung der Hutfabrik und des städtischen Schwimmbads, das bereits beeindruckender Schauplatz einer Performance-Oper war, die denkmalgerechte Sanierung der 1920er-Jahre-Siedlung Am Anger.

Mittelalter und Klassische Moderne

Kennzeichnend für Luckenwalde ist der Kontrast von alter und moderner Architektur. Erstmals urkundlich erwähnt wurde die Stadt schon 1216. Dass sie aus einer mittelalterlichen Marktsiedlung hervorging, bezeugt unter anderem noch der 38 Meter hohe, mittelalterliche **Marktturm.** Mit seiner Aussichtsplattform gilt er heute als Wahrzeichen der Stadt. Seit 1484 dient er aber als Glockenturm der benachbarten **Johanniskirche.** Diese spät-

Bahn

- RE 3, alle 60 Min., ca. 40 Min. ab Berlin Hbf

Fahrradrouten

- Fläming Skate
- Tour Brandenburg

Nicht verpassen

- Sich auf der Fläming-Skate austoben
- Im Sommer im Freibad Elstal Open-Air-Kino gucken
- Die Zisterzienserabtei im 8 Kilometer entfernten Kloster Zinna bewundern

Spannende Koexistenz mit der Klassischen Moderne: der mittelalterliche Marktturm

Was tut sich hier?

Experimenteller Kunststrom

Ungewöhnlicher Kreativort ist das ehemalige, 1913 erbaute E-Werk Luckenwalde. Dreißig Jahre nach seiner Stilllegung hat es 2019 das Kunstkollektiv Performance Electrics gGmbH unter der Leitung von Pablo Wendel wiederbelebt. Als nachhaltiges Kunststrom-Kraftwerk produziert es regenerativen Kunststrom und liefert ihn in das öffentliche Netz. Die Einnahmen fließen in ein Programm mit zeitgenössischer, experimenteller Kunst, das eine 370 Quadratmeter große Turbinenhalle und weitere Ausstellungsräume bespielt. Ansonsten ist hier auch Platz für Werkstätten, Künstlerateliers, Workshops, Konzerte und Tagungen.

www.kunststrom.com

Kulturlandhof vor den Toren der Stadt

Leben, Arbeiten und Wohnen verbinden sich auf dem Bauernhof Grüna südwestlich von Luckenwalde. Seit 2014 entwickelt sich der historische Vierseithof mit Stallungen und Scheune aus dem 19. Jahrhundert zum kollaborativen Kreativort mit Ateliers, Co-Working-Spaces und Künstlerresidenzen. Seit 2016 sorgt auch der Gemeinschaftsgarten- und Kulturverein Grüner Kultur e. V. dafür, dass der Obst- und Gemüsegarten nach den Prinzipien der Permakultur bewirtschaftet wird, organisiert Seminare und Open-Air-Veranstaltungen.

www.bauernhof-gruena.de

gotische Backstein-Hallenkirche mit schönem Zierrippengiebel birgt ein filigranes Kreuzrippen- und Sterngewölbe sowie Wandmalereien.

Vom Wirtschaftsaufschwung im 19. Jahrhundert zeugen wiederum die Bürgerhäuser an der Breiten Straße, das spätklassizistische Rathaus und allerlei Industriebauten. Zur traditionellen Textilherstellung kam ab 1875 noch die Hutfabrikation hinzu. Mehr über die Entwicklung der sozialdemokratisch geprägten Stadt ist im HeimatMuseum zu erfahren, aus dem auch der Szenesender FluxFM seinen Stadt-Land-Podcast ausstrahlt.

Expressionistische Hutfabrik
Im Zuge der aufstrebenden Hutproduktion beauftragten die Eigentümer der Hutfabrik Steinberg Herrmann & Co 1921 den damals noch unbekannten Erich Mendelsohn mit dem Neubau der Produktionsstätte, die heute als Ikone der expressionistischen Baukunst gilt. Innovativ an den vier Produktionshallen der **Hutfabrik** war damals nicht nur der Einsatz der Materialien Glas, Holz und Stahlbeton. Spektakulär ist auch die Kombination weicher Formen mit scharfer expressionistischer Linienführung, zu der den Architekten die Dünenlandschaft

Die expressionistische Hutfabrik harrt noch immer ihrer künftigen Bestimmung

der Kurischen Nehrung inspiriert haben soll. Die Dachhaube der Färbereihalle in Form eines Hutes ist sogar zu einem Markenzeichen der Stadt geworden. Inzwischen wurde das Gebäude aufwendig saniert, wartet allerdings immer noch auf eine sinnvolle Nachnutzung.

Weitere interessante Gebäude aus jener Zeit sind die von Stadtbaumeister Graf in den 1920er-Jahren entworfenen Schul- und Theatergebäude mit dem heutigen Stadttheater sowie die Turbinenhalle neben dem Hotel Vierseithof. Auch das städtische Schwimmbad ist ein beeindruckendes Werk der Klassischen Moderne. Der denkmalgeschützte, von Hans Hertlein entworfene Bau wurde 1928 eröffnet, harrt aber immer noch seiner weiteren Bestimmung als Kreativstandort.

Ganz anders die denkmalgeschützte **Volksheimsiedlung** mit etwa 480 Mietwohnungen, die an die Berliner Großwohnsiedlungen von Bruno Taut erinnert und heute für beliebtes, generationenübergreifendes Wohnen im Grünen steht. Um 1930 von Architekt Willi Ludewig erbaut, gehörten schon damals Kastendoppelfenster, Einbauküchen und Zentralheizungen zur Wohnungsausstattung.

27 Lübbenau

Pinguine für den Spreewald

Mit Kahnhafen, Gurkenmarkt und Schloss ist Lübbenau ein attraktives Städtchen, eingebettet in die Wald- und Wasserlandschaft des UNESCO-Biosphärenreservats Spreewald. Die birgt allerdings auch ein gewisses Konfliktpotenzial, wenn Reisegruppen den Kahnhafen stürmen und durch die Überbeanspruchung Flora und Fauna gefährdet werden. Mit einem Masterplan Wassertourismus versucht man das Wachstum in Schranken zu halten. Im Übrigen machen Lübbenau trotz des boomenden Tourismus der Rückgang der Bevölkerungszahlen sowie der Leerstand in der Neustadt zu schaffen. Deshalb wird stetig an neuen Strategien für zusätzliche Lebensqualität gebastelt.

Die Altstadt

Eine Stadtmauer brauchte das über 700 Jahre alte Lübbenau nicht – die Wasserläufe schützen es gegen Angriffe. So passte sich die einstige Tuchmacher- und spätere Gurkenstadt in ihrer Gestalt den geografischen Gegebenheiten an.

Das historische Zentrum überragt die **Pfarrkirche St. Nikolai** von 1714 mit barocker Innenausstattung, die häufig für Konzerte genutzt wird. Davor tummeln sich am **Sagenbrunnen** des Künstlers Volker Roth allerlei skurrile Fabelwesen, die dem reichen Sagenschatz des Spreewalds entstammen. Eine alte Postmeilensäule aus der Zeit Augusts des Starken verweist auf die Entfernungen zu den nächsten sächsischen Orten.

Im Torhaus am Topfmarkt, einem Backsteinbau von 1850, ist das **Spreewaldmuseum** mit vielen anschaulichen Exponaten zur Regionalgeschichte eingezogen, während das neu gestaltete Haus für Mensch und Natur BesucherInnen das UNESCO-Biosphärenreservat näherbringt.

Bahn

- RE 2, alle 60 Min., ca. 65 Min. ab Berlin Hbf

Fahrradrouten

- Gurkenradweg
- Spreeradweg

Nicht verpassen

- Mit dem Kahnshuttle zum Ausflugsrestaurant Wotschofska schippern

  www.gasthaus-wotschofska.de
- Bei den Spreewaldkonzerten vom Wasser aus der Musik lauschen

Selten geht es am Hafen von Lübbenau so beschaulich zu …

Neue Impulse

Um Start-Ups und FreiberuflerInnen anzuziehen entsteht in Bahnhofsnähe ein Co-Working-Space mit 150 modernsten Arbeitsplätzen. Beteiligt ist daran unter anderem die engagierte Wohnungsbaugenossenschaft im Spreewald (WIS), die bereits aus dem Bahnhof ein Service-Center mit der originellen Pension Spreewelten gemacht und das Spreewelten-Badeparadies mit Pinguinen bestückt hat. Den städtischen Zusammenhalt stärken außerdem die Kulturinitiativen rund um das **Gleis 3** auf dem Gelände des ehemaligen Bahnbetriebswerks. Darüber hinaus beleben im Kultursommer zahlreiche kleinere Veranstaltungen und Angebote unter Einbindung lokaler Akteure und Traditionen die Innenstadt.

Rad statt Auto

Allerlei originelle Maßnahmen sollen die Attraktivitäts des Fahrrads als klimafreundliches Fortbewegungsmittel steigern: Ein kostenloser Forschungs-Fahrrad-Verleih, der auch unkonventionelle Modelle wie Lastenräder oder Doppelräder oder kippsichere Dreiräder im Angebot hatte, ermittelte die tatsächlichen Bedarfe, es wurden innovative Fahrradgaragen in Form von spreewaldtypischen Heuschobern aufgestellt (mit solarbetriebender Ladestation für E-Bikes) sowie die Pilotidee eines Brückenschiebers entwickelt, einer Art Seilbahn, mit dem sich ein Fahrrad leichter über die Fließe übersetzen lässt.

Der Schlossbezirk

Mit dem ländlichen Charakter der Gegend kontrastiert das stattliche Schloss Lübbenau, das sich inmitten eines englischen Landschaftsparks erhebt. Bereits 1621 erwarben die aus der Toskana stammenden Grafen zu Lynar die Besitztümer und ersetzten das alte Renaissanceschloss 1817 durch eine Dreiflügelanlage im Stil des Klassizismus. Nachdem Wilfried Graf zu Lynar als Verbindungsmann zu den Hitler-Attentätern von 1944 vor den Volksgerichtshof gestellt, hingerichtet und die Lynars enteignet wurden, konnte die Familie das Anwesen nach der Wende zurückerwerben und hat daraus ein stilvolles Schlosshotel mit Marstall und Orangerie gemacht.

Lagunendorf Lehde

Malerisch von viel Grün und Wasser durchzogen liegt unweit von Lübbenau das Spreewalddorf Lehde, das Anfang des 14. Jahrhunderts von Sorben gegründet wurde. Inzwischen steht es komplett unter Denkmalschutz. Wo bis heute Briefe und Pakete per Kahn ausgetragen werden, entführt ein Freilichtmuseum mit einigen originalen Spreewaldhöfen, Korbmachern, Gurkenmuseum, Marmeladenmanufaktur, Meerrettichreiberei und historischer Dorffeuerwehr in die Zeit des 19. Jahrhunderts. Hier wird traditionelles Handwerk wie die Kahnbauerei vermittelt. Jüngere Besucher sind eingeladen, sich beim Melken oder beim Laufen in Holzpantinen zu erproben.

Was tut sich hier?

Spreewaldatelier

Ein internationales Bildhauer- und Karikaturisten-Open Air lädt alle zwei Jahre im September um die 25 BildhauerInnen und KarikaturistInnen in die Lübbenauer Altstadt ein. Während vor den Augen des Publikums ausdrucksstarke Objekte und Zeichnungen entstehen, beleben Schauspiel und Livemusik die Innenstadt. Das Spreewaldatelier ist eins der Kunstprojekte, die – neben der aquamediale in Lübben und der Spektrale in Luckau – unter der Dachmarke Kunstraum Spreewald die regionale Kunstszene vernetzen sowie Kultur, Tourismus und Wirtschaft stärken sollen.

www.spreewaldatelier.de

Spreewald-Modelabel Wurlawy

2014 gründete Sarah Gwiszcz ihr Modelabel Wurlawy. Für Kleider und Kopfbedeckungen interpretiert sie die traditionelle sorbische Tracht konsequent neu. So entstehen unkonventionelle Kreationen, die überhaupt nichts Volkstümelndes an sich haben, obwohl man den Schnitten und farbenfrohen Mustern ihre Ursprünge durchaus ansieht. „Wurlawy" bezeichnet frei aus dem Sorbischen übersetzt „wilde Spreewaldfrauen", die in einer sorbischen Sage vorkommen. Und genau diese wilde Ungezwungenheit zeigt sich in der Mode.

Ehm-Welk-Straße 27 | www.wurlawy.de

Die Altstadt ist Besuchermagnet, doch fehlt es an jungem Leben

28 Lychen

Von der Flößerstadt zum Kreativort

Die Lage könnte schöner nicht sein: Eingebettet in den Naturpark Uckermärkische Seen, in dem sich Moore, Kiefern- und Buchenwälder abwechseln, ist die Stadt von gleich sieben Seen umgeben. Ideale Bedingungen für einen staatlich anerkannten Erholungsort, der sich für seine 2023 bevorstehende 775-Jahr-Feier herausputzt.

Zwischen Wurlsee, Oberpfuhl, Nesselpfuhl, Stadtsee und Großem Lychensee gelegen, wurde das Städtchen bereits 1248 urkundlich erwähnt. Aus dieser Zeit hat sich die große Feldsteinkirche **St. Johannes** erhalten, die mit ihrem mächtigen Turm als Wehrkirche entstand. Nicht ganz so alt ist das barocke Rathaus von 1747 am Marktplatz. Ein Stück weiter steht die ehemalige **Getreidemühle**, ein riesiger Komplex, dem der Verein Wasser auf die Mühle neues Leben eingehaucht hat.

Bevor Lychen seine Karriere als Erholungsort antrat, lebte es von der Flößerei. Noch bis 1968 transportierten Waldbesitzer die Holzstämme auf dem Wasserweg in die Sägewerke. Mehr über dieses alte Handwerk erfährt man im **Flößereimuseum** mit Ausstellungsstücken aus dem Fundus alter Flößerfamilien oder beim alljährlich im August stattfindenden **Flößerfest.**

Neues Leben in alten Gemäuern

Mit der Umgestaltung der denkmalgeschützten Getreidemühle wurde ein echter Schatz gehoben. **Mühlenwirtschaft,** Mühlencafé und Müllers Badehäusl erfreuen sich großer Beliebtheit. Auch das **Alte Kino** wurde als vielfältiger Veranstaltungs- und

Bus & Bahn

- Bus 517, alle 2 Std. ab Fürstenberg, bis dahin RE 5, ca. 1 Std. 45 Min. ab Berlin Hbf

Fahrradrouten

- Tour Brandenburg
- Fernradweg Berlin-Kopenhagen

Nicht verpassen

- In der Mühlenwirtschaft eine kulinarische Pause einlegen
  www.muehlen-mahlzeit.de
- Mit dem Musikfloß bei Sonnenuntergang über die Gewässer schippern
  www.treibholz.com
- Beim Flößerfest im August mitfeiern

Rund um St. Johannes bereichern gleich mehrere Initiativen das Zusammenleben

Begegnungsort mit Konzerten und Workshops wiederbelebt. Und die über 100 Jahre alten **Heilstätten Hohenlychen,** in denen zwischenzeitlich ein Lazarett der sowjetischen Streitkräfte betrieben wurde, haben sich nach langem Leerstand und Verfall in eine barrierefreie Parkresidenz mit Miet- und Ferienwohnungen verwandelt.

In Lychens Straßen lassen sich zahlreiche Ateliers, Galerien, Studios und Werkstätten entdecken, was von der Attraktivität für KünstlerInnen und KunsthandwerkerInnen zeugt. Im Kunstplatz in der ehemaligen Drogerie wird speziell Lychener Kunst ausgestellt. Viel experimentelles Potenzial steckt auch in Transit Lychen, einem Zusammenschluss verschiedener Kreativer in einem ehemaligen FDGB-Heim am Goetheweg. Noch unerschlossenen Gestaltungsraum für Kreative bietet das ehemalige Waldkrankenhaus, in dem der Verein Hausen e. V. tätig geworden ist.

Das Konzept eines großen Stadthafens wurde allerdings von den BürgerInnen verworfen und muss überarbeitet werden, und auch in Sachen Mobilität bleiben noch Wünsche offen. Der Bus nach Fürstenberg fährt nur alle 2–3 Stunden.

Vom Wasser verwöhnt: der Erholungsort inmitten von sieben Seen

Was tut sich hier?

Haus Vogelsang

Ein ungewöhnliches Konzept verwirklicht der Verein Ökostadt e. V. mit seinem Haus Vogelsang, der sich der Vision einer ökogerechten Stadt verpflichtet fühlt. Mit Bioladen und Hofcafé ist in dem zentralen Gebäudekomplex Raum für eine Filzwerkstatt und Aktivitäten wie Yoga. Darüber hinaus hat es sich zu einem beliebten Treffpunkt entwickelt, an dem sich nicht nur Vereinsmitglieder über die Befindlichkeiten in der Stadt austauschen.

www.hausvogelsang.de

Altes Kino

Früher liefen hier einfach nur Filme über die Leinwand. Jetzt ist aus dem Alten Kino ein multikulturelles Zentrum geworden, das sich für die verschiedensten Bevölkerungsgruppen öffnet. Mal lockt es mit seinem Bistro und schönem Innenhof zu „Frühstück und Kino am Sonntag", mal steht es einen Tag lang der Jugend offen. Außerdem stehen Konzerte und andere Kulturveranstaltungen auf dem Programm.

www.alteskinolychen.de

29 Nauen

Aufschwung in der Funkstadt

Im Jahr 1906 sorgte Nauen als erste Funkstation Europas für Aufsehen. Bis heute hat hier die älteste noch bestehende Sendeanlage der Welt überdauert. Rund 4 Kilometer nördlich vom Stadtzentrum steht das markante, kathedralenartige Sendegebäude der Großfunkstelle Nauen, erbaut 1920 von Hermann Muthesius.

Heute wirkt das Städtchen auf den ersten Blick recht unscheinbar. Sein Charme erschließt sich erst, wenn man den kreisförmigen historischen Altstadtkern erreicht, der schon als Kulisse für Mittelalterfilme diente. Zahlreiche, meist sorgsam sanierte Fachwerk- und Gründerzeithäuser gruppieren sich um die spätgotische **Jacobikirche**. Mittendrin sorgen der sanierte **Richart-Hof** mit Kulturbüro, Kino- und Ausstellungssaal und das **Altstadtcafé Nickel** mit einem lauschigen Innenhof für Leben. Das Altstadt-Ensemble ergänzen das 1891 im Stil der norddeutschen Backsteingotik errichtete Rathaus und der von Max Taut um 1898 erbaute Wasserturm, in dem sich heute Wohnungen mit tollem Panoramablick befinden.

Aufbruchsstimmung herrscht vor allem in der Umgebung, wo für die wachsende Bevölkerung gebaut wird. Gehört Nauen doch aufgrund der guten Verkehrsanbindung an Berlin zu den beliebtesten Zuzugsgebieten im Havelland. Am bisher noch wenig einladenden Bahnhof entsteht ein neues Quartier mit Wohnungen, Gewerbeflächen und Büros. Besonders reizvoll verspricht das Wohnviertel zu werden, das nördlich vom Zentrum rund um das denkmalgeschützte Leuchtgaswerk entsteht.

Bahn

- RE 2, RB 10, RB 14, ca. alle 30 Min., ca. 40 Min. ab Berlin Hbf

Fahrradrouten

- Havellandradweg
- Radrundweg Nauener Dreieck (über Ribbeck und Groß Behnitz)

Nicht verpassen

- Einkehren im Altstadtcafé Nickel

  Marktstraße 3 | www.altstadt-cafe-nickel.de

- Den rund 10 Kilometer entfernten Ortsteil Ribbeck mit Schloss und Fontanemuseum besuchen und sich davon überzeugen, was das Gedicht „Herr von Ribbeck auf Ribbeck im Havelland" bewirkt hat

Zur Käthe Kollwitz-Grundschule gesellt sich inzwischen der Da Vinci Campus

Was tut sich hier?

Da Vinci Campus

Innovativ präsentiert sich der im Stadtzentrum gelegene Da Vinci Campus, eine Bildungsstätte mit umfassendem pädagogischem Konzept vom Kindergarten über Grundschule, Hort, Gesamtschule, Gymnasium und angegliedertem Wohnheim. Unter anderem produziert hier die Schülerfirma Black Cam Media Kurzfilme und Werbespots.

www.ldvc.de

Co-Working Retreats im alten Bahnhof

In einem alten Bahnhof im Grünen wohnen und arbeiten können Stadtmüde bei Lisa und Gero Dusil im Ortsteil Börnicke, 10 Kilometer von Nauen. Das restaurierte Gebäude mit zwei Apartments bietet sich auch für kleine Tagungen, Workshops oder Co-Working Retreats an. Dafür steht ein Seminarraum mit schöner Terrasse am Waldrand zur Verfügung.

www.bahnhofszeit.com

Nachhaltigkeit im denkmalgeschützten Landgut

Vorbildcharakter für ganz Deutschland hat das Landgut Stober im Ortsteil Groß Behnitz. Aus dem denkmalgeschützten Mustergut der Familie Borsig wurde ein biozertifiziertes und schon zweimal als grünstes Hotel Europas ausgezeichnetes Tagungshotel. Auch wer hier nicht nächtigt, ist im Restaurant Seeterrassen mit vorzüglicher Küche und Blick auf den Groß Behnitzer See willkommen.

Behnitzer Dorfstraße 27–31 | www.landgut-stober.de

30 Neuruppin

Mehr als Fontane

Neuruppin sonnt sich im Ruf der Fontanestadt. Nachdem der Dichter allerlei Spuren an seinem Geburtsort hinterlassen hat, werden hier regelmäßig Fontane-Festspiele gefeiert, ein Fontane-Preis ausgelobt und BesucherInnen in der **Fontane-Therme** empfangen. Dabei verbinden sich auch andere große Namen mit der Stadt: Unter anderen kamen hier Karl Friedrich Schinkel und die Schriftstellerin Eva Strittmatter zur Welt.

Im Übrigen zehrt Neuruppin keineswegs nur von seiner Geschichte und der Lage am Ruppiner See und der waldreichen Ruppiner Schweiz. Veranstaltungen wie das **Aequinox-Musik-Festival** setzen innovative Akzente und in punkto Nachhaltigeit bemüht sich Neuruppin um fairen Handel und darf sich offiziell Fairtrade-Stadt nennen.

Die preußische Musterstadt

Neuruppins charakteristischer geometrischer Grundriss mit großen quadratischen Plätzen entstand, nachdem das mittelalterliche Zentrum 1787 bei einem Großbrand fast vollständig vernichtet worden war. Anstelle einer Kirche rückten die Baumeister bezeichnenderweise das Alte Gymnasium, also eine Bildungseinrichtung, ins Zentrum der preußischen Musterstadt.

Aus mittelalterlicher Zeit haben sich einige Gassen um die Siechenstraße mit den Hospitalkapellen **St. Georg und St. Lazarus** erhalten, in denen das romantische Hotel Up-Hus-Idyll untergekommen ist. Auch die Klosterkirche St. Trinitatis hat alle Katastrophen überstanden und erhebt sich mit ihren Türmen weithin sichtbar am Ufer des Ruppiner Sees.

Bahn

- RE 6 stdl. ab Berlin-Spandau (ca. 60 Min.) oder Hennigsdorf (ca. 30 Min.)

Fahrradrouten

- Fontane.Rad-Route

Nicht verpassen

- Sich in die bunte Welt der Neuruppiner Bilderbögen vertiefen
  www.museum-neuruppin.de
- Den Tag im Weinhaus am Neuen Markt ausklingen lassen
  Kommissionsstraße 17
- Im Tempelgarten flanieren

Die Altstadt ist auch Kulisse der Aequinox-Musiktage

Einen guten Überblick über die Stadtgeschichte vermittelt das Museum Neuruppin in einem klassizistischen Wohnhaus von 1790 und einem ambitionierten Neubau. Auch hier ist natürlich einiges über Fontane und Karl Friedrich Schinkel zu erfahren. Übrigens verlebte auch Friedrich der Große als junger Regimentskommandeur hier eine unbeschwerte Zeit – davon zeugt unter anderem der **Tempelgarten,** ein liebenswerter Park an den Wallanlagen mit orientalisch angehauchtem Café-Restaurant.

Veganes Bistro Wildwuchs

Im Wildwuchsbistro zaubern Jahnavi Seydlitz und Ulrike Lehmann mit regionalen und saisonalen Zutaten Gerichte wie Wildwuchsburger, Salate, Porridge und Smoothies. Dabei werden bis auf wenige Ausnahmen alle Speisen auf rein pflanzlicher Basis zubereitet. Neben der ausgezeichneten Küche ist das Wildwuchs-Bistro eine Begegnungsstätte für (ernährungs-)bewusste Menschen. Darüber hinaus engagiert sich das Wildwuchsteam für die Vernetzung regionaler Kultur und organisiert einen kulturellen Adventskalender.

Wichmannstraße 23 | www.wildwuchs-vegan.de

Gegenstück zur quadratischen preußischen Musterstadt: der Ruppiner See

Was tut sich hier?

Aequinox -Musiktage

Avantgardistischer Kontrapunkt und reizvoller Kontrast zum Fontane-Kult sind die Aequinox-Musiktage, die zur Tag- und Nachtgleiche im Sommer an ungewöhnlichen Orten alte Musik in die Gegenwart übersetzen. Am künstlerischen Profil feilt stetig der Dirigent Wolfgang Katschner, Leiter der lautten Compagney, die das Festival zusammen mit dem Förderverein Siechenhauskapelle Neuruppin stemmt.

www.lauttencompagney.de

Theatersommer, Konzerte und mehr in Netzeband

Weit über die Grenzen der Region hinaus strahlt seit 1996 der Theatersommer im kleinen Ort Netzeband nordöstlich von Neuruppin aus. Das Festival eröffnet jedesmal das Kultstück „Unter dem Milchwald" von Dylan Thomas. Ergänzt wird es durch weitere Inszenierungen von Klassikern und Märchen. Neben dem Theaterfestival im Gutspark sorgt der dortige Förderverein Temnitzkirche e. V. für ein vielseitiges Programm mit Konzerten, Theater, Lesungen oder Kino in der Temnitzkirche

www.netzeband-kultur.de

31 Oranienburg

Traumlandschaften mit Traumschüff

Gut angebunden durch S- und Regionalbahn bekommt die Kreisstadt stetig Zuwachs. Für Lebensqualität sorgt die Lage am Wasser mit Havelpromenaden oder idyllischen Badestellen am Lehnitzsee, wo rund um die historische Villa Sachs ein neues Wohnquartier entsteht. In der Stadt selbst entführt das **Barockschloss** in „Traumlandschaften einer Königin“ – so das Motto der Landesgartenschau 2009, die der Stadt einen gewaltigen Attraktivitätsschub versetzte, vor allem durch die Wiederherstellung des **Schlossparks**, der mit dem Schlosshafen, einer Blumenhalle und einem Café zu einer beliebten Erholungsoase geworden ist.

Auf dem Schlossplatz erinnert gegenüber dem Denkmal der Schlossherrin Louise Henriette die Skulptur die „Anklagende“ des Bildhauers Fritz Cremer von 1961, daran, dass die Schönheit des Ensembles von der nahegelegenen **Gedenkstätte Sachsenhausen** überschattet wird, wo während der NS-Zeit um die 200 000 Menschen inhaftiert wurden und Zehntausende an den Folgen von Hunger, Zwangsarbeit und Misshandlung starben oder ermordet wurden.

Stadtspaziergang

Wenn man vom denkmalgeschützten Gebäudeensemble am Bahnhof über den Louise-Henriette-Steg in die Altstadt kommt, kann man schon bald die ersten Perlen der Innenstadt entdecken: zum Beispiel das **Blumenthalsche Haus** der gleichnamigen einstigen Bankiersfamilie oder das erste, von Kurfürstin Louise Henriette um 1665 gegründete Wai-

Bahn

- S1 alle 20 Min. von Berlin Friedrichstraße, 45 Min. oder RE 5, meist zweimal in der Stunde ab Berlin Hbf., ca 30 Min.

Fahrradrouten

- Havelradweg
- Radfernweg Berlin-Kopenhagen

Nicht verpassen

- Vom Eden-Café aus die Obstbausiedlung erkunden
  www.eden-eg.de
- Gedenkstätte Sachsenhausen besuchen
  www.sachsenhausen-sbg.de
- Baden am Lehnitzsee

War Vorbild in Sachen Toleranz und Sozialfürsorge: Kurfürstin Louise Henriette

senhaus Deutschlands. Ältestes Gebäude ist das **Amtshauptmannshaus** von 1657, ein schöner Barockbau an der Breiten Straße. Alles überragt weithin sichtbar der Turm der **St. Nikolaikirche** mit Aussichtsplattform in knapp 60 Meter Höhe.

Schloss Oranienburg

Hauptattraktion der Stadt ist das Schloss. 1651 wurde es als einfacher Landsitz für die Gemahlin des Großen Kurfürsten aus dem Haus der Oranier erbaut. Erst später ließ der Pracht liebende König Friedrich I. diesen zum opulenten Barockschloss ausbauen. Im Inneren lassen eine Fülle von Gemälden, Wandteppichen und Skulpturen, darunter Meisterwerke des flämischen Malers van Dyck und kostbares Porzellan, die Lebenswelt der früheren Schlossherren lebendig werden. In einem anderen Teil hat das Kreismuseum seinen Platz. Westlich erstreckt sich der aufwendig sanierte Schlosspark mit Grotte, Skulpturen und Teichen. Die **Orangerie** aus dem 18. Jahrhundert an seinem südlichen Rand bildet den stilvollen Rahmen für Konzerte, Theater und andere Veranstaltungen.

Mit der reizvollen Havellandschaft verzeichnet die Kreisstadt stetigen Zuwachs

„Freier Marmeladenstaat" Eden

Experimentierfeld für neue Formen des Wohnens und Arbeitens war Oranienburg schon, als sich 1893 am Stadtrand die Obstbaukolonie Eden gründete. Im Zeichen der Lebensreformbewegungen verwirklichten Idealisten hier ihre Vorstellungen vom naturnahen Leben mit Selbstversorgung und vegetarischer Ernährung. Früher manchmal als freier Marmeladenstaat belächelt, sind die genossenschaftlich bewirtschafteten, ein- bis zweistöckigen Giebelhäuser mit Gärten heute sehr gefragt.

★ Oranienwerk und Traumschüff

Wenn die Menschen nicht ins Theater kommen, dann kommt es eben zu ihnen: So die Idee der gemeinnützigen Theatergenossenschaft Traumschüff, die 2017 aus einem Zusammenschluss professioneller Schauspieler, Regisseure, Musiker und anderer Kulturschaffenden entstand. Im Sommer läuft es verschiedene Orte am Wasser an, im Winter macht es im VEB Kaltwalzwerk Oranienburg Station, das sich als Kultur- und Kreativstandort neu erfunden hat und auch Ateliers, Co-Working-Arbeitsplätze und Räume für Workshops anbietet.

www.oranienwerk.com
www.traumschueff.de

32 Perleberg

Prignitzperle mit Potenzial

Geradezu märchenhaft wirkt der mittelalterliche Stadtkern mit verwinkelten Gassen und dem Großen Markt, wo sich Fachwerkhäuser um die mächtige Backsteinkirche, das Rathaus und die Rolandsfigur scharen. Alles umfließt das Flüsschen Stepenitz, an dessen Ufer sich so manche Grünzone schmiegt. An vielen Stellen vorbildlich saniert, könnte Perleberg aber durchaus mehr Leben vertragen. Immerhin scheint der Rückgang der Einwohnerzahl – derzeit circa 12 000 – gestoppt zu sein.

Nachdem sich einige engagierte Kulturschaffende vorgewagt haben, entdecken tatsächlich immer mehr Großstadtflüchtige das Bilderbuchstädtchen für sich. Bei der Ansiedlung hilft die Stadt, indem sie Ladenflächen zu günstigen Konditionen vermittelt. Auch Einrichtungen wie die Bike-Sharing-Stationen sind ein guter Anreiz.

Der historische Stadtkern

Dass Perleberg eine reiche Hansestadt gewesen sein muss, kann man an vielen der erhaltenen Bauten ablesen. Ein besonders schönes Beispiel ist das **Knaggenhaus** am Großen Markt, errichtet um 1525 für einen Kaufmann. Vorbildlich restauriert beeindruckt der Fachwerkbau mit einem rautenförmig gegliederten Giebeldreieck und zwei Spruchbalken. Ihm gegenüber erhebt sich die gotische Backsteinhallenkirche **St. Jakobi.** Hinter ihrem Blendgiebel birgt sie einen fünfarmigen Standleuchter von 1475 und einen Kronleuchter von 1685.

Auch das **Rathaus,** das gleich daneben mit seinem getreppten Schaugiebel die Blicke auf sich zieht, geht auf das Mittelalter zurück. Während die Gerichtslaube im 14. Jahrhundert entstand, ist der Ostteil mit Rathausturm ein Neubau

Bahn

- RE2 und RE 6 über Wittenberge, alle 60 Min., ca. 1 Std. 50 Min. ab Berlin Hbf

Fahrradrouten

- Tour Brandenburg
- Radroute Historische Stadtkerne 3

Nicht verpassen

- Im Antiquariat des Perleberger Bürgervereins am Großen Markt stöbern

  Großer Markt 5
- Auf der Stepenitz paddeln, sie gilt als der sauberste Fluss Brandenburgs

Im märchenhaften Stadtraum ist viel Platz für neue Initiativen

Was tut sich hier?

Co-Working-Space Hallo Perle

Ganz nah am Großen Markt, in der Poststr. 1, hat sich ein leerstehender Laden in einen ansprechenden, freundlichen Co-Working-Space mit Küchenzeile, Besprechungsraum und schattigem Innenhof verwandelt. Betreiber ist das TGZ Technologie- und Gewerbezentrum Prignitz, doch die Initiative ging von Landschaftsarchitektin Maria Pegelow aus, die sich selbst vor einiger Zeit in Perleberg angesiedelt und mit den Elblandwerkern von Wittenberge vernetzt hat. Hier wird nicht nur gearbeitet, die Räume laden auch zum kreativen Austausch ein. Direkt vor der Tür stehen Leihfahrräder bereit, damit die Nutzer in der Stadt mobil sind.

www.stadt-perleberg.de

Kulturkombinat in Hoffmanns Hotel

Ein über 250-jähriges Fachwerkhaus mit Biberschwanzdach, das einst Hoffmanns Hotel beherbergte und nach einem Brand fast abgerissen worden wäre, hat der Verein Kulturkombinat e. V. mit Menschen aus verschiedenen Bereichen neu belebt. Zu den Veranstaltungen in den teilsanierten Innenräumen und der Sommerbühne gehören Flamencokonzerte, Flohmärkte oder Textilwerkstätten. Unter dem Motto Klanglandschaft Prignitz bereichert der Verein auch über Perleberg hinaus das Musikleben in der Region mit originellen Konzert-Formaten. Außerdem veranstaltet der Verein alljährlich im Frühsommer das Straßenshowfest **PerleBÄM!**

www.kulturkombinat-perleberg.org

von 1839. Den großen Platz bewacht die über fünf Meter hohe Rolandsfigur aus dem Jahr 1546.

Auch in den umliegenden Straßen sieht es ein bisschen aus wie im Historienfilm. Neben der stattlichen Kaiserlichen Post, die noch auf eine kluge Nachnutzung wartet, ist im schönen Wallgebäude aus dem 14. Jahrhundert ein gutes italienisches Restaurant untergekommen. Gleich daneben erinnert eine Bronzebüste für die Sängerin Lotte Lehmann (1888–1976) an die berühmteste Tochter der Stadt. Auftraggeber war der engagierte Perleberger Bürgerverein, der auch ein sehr gut bestücktes Antiquariat am Großen Markt betreibt.

Museen in Perleberg

Gleich drei Museen verteilen sich über die Innenstadt. Mit Exponaten aus 10 000 Jahren stellt das **Stadt- und Regionalmuseum** die Stadtgeschichte dar. Wesentlich neueren Datums sind die Exponate, die das **DDR-Geschichtsmuseum** auf 1 000 Quadratmetern ausbreitet. Fahrzeug-Kuriositäten vom Traktor bis zum Flugzeug mit Trabantmotor birgt wiederum das **Oldtimermuseum** in einer denkmalgeschützten Turnhalle.

Perleberg hat viel Geschichte und sucht die Zukunft

Der Judenhof

Ein besonderes Kleinod ist der Judenhof, eine kleine Stichstraße, die von der Parchimer Straße abgeht. Die Gasse entstand in der Gründungszeit der Stadt im 13. Jahrhundert. Dank des Kulturvereins wurde er mitsamt einem futuristischen Neubau zu einem kleinen deutsch-jüdischen Kultur- und Begegnungszentrum. Um es mit Leben zu füllen, arbeiten Schüler des Gymnasiums zusammen mit der Stadt und NeubürgerInnen am Projekt Kunsttandem, das auch die Begegnung mit Flüchtlingen ermöglichen soll.

Opernsommer in Perleberg

Einen kleinen Opernsommer erlebt die Prignitz dank der **Lotte Lehmann Akademie,** die jungen SängerInnen mit ihrem Kursprogramm den Weg auf die Opernbühne ebnet. Bei Konzerten in und um Perleberg stellen sie das Erlernte dem Publikum vor. Namensgeberin der Akademie ist die hier 1888 geborene Sängerin Lotte Lehmann, die 1910 in Hamburg ihre Karriere zum Weltstar antrat. In der Nazi-Zeit emigrierte sie in die USA, wo sie auch bis ins hohe Alter an der von ihr gegründeten Music Academy of the West in Santa Barbara Jungtalente unterrichtete.

www.lottelehmann-perleberg.de

33

Potsdam

Boomende Landeshauptstadt

Die UNESCO-Weltkulturerbe-Stadt wächst stetig über sich hinaus. Wohnten hier 1989 noch etwa 141 500 Menschen, liegt ihre Zahl inzwischen bei rund 184 000. Das liegt nicht nur daran, dass Potsdam mit seinen Schlössern, Gärten, Seen und Wasserwegen überreich ist an historischen Bauwerken, fantastischen Grünanlagen und Freizeitmöglichkeiten. Auch das Kulturangebot kann sich sehen lassen. Ob Hans-Otto-Theater, Nikolaisaal, Tanzfabrik, Galerien oder Gedenkstätten, die Zeitgeschichte erfahrbar machen – rund um das Jahr ist für Inspiration und gute Unterhaltung gesorgt.

So ist es kein Wunder, dass Potsdam in punkto Lebensqualität im bundesweiten Vergleich ganz vorn liegt. Gleichzeitig bietet die Stadt mit ihrer vielfältigen Hochschul- und Institutslandschaft den Nährboden für innovative Entwicklungen und ist Ideenschmiede für zukunftsträchtige Projekte, an die so manche GründerInnen andocken.

Die Attraktivität der Stadt hat allerdings auch ihre Schattenseiten: Die Preise für Mieten oder Wohneigentum übersteigen mancherorts sogar das Berliner Niveau.

Innenstadt und Parklandschaften

Potsdam ist eine einzigartige Symbiose aus Baukunst und Landschaftsgärten, die in mehreren Jahrhunderten entstanden ist und malerisch vom Wasser der Havel umflossen wird. Dabei gehören nicht nur die Schlösser im **Park Sanssouci,** im **Neuen Garten** oder im **Park Babelsberg** zu den Publikumsmagneten. Mindestens ebenso attraktiv ist inzwischen die historische Innenstadt

Bahn

- RE1, alle 30 Min., 25 Min., oder S7, alle 10 Min., 35 Min. ab Berlin Hbf

Fahrradrouten

- Havelradweg
- Europaradweg R1
- Mauerweg
- Radtour Historische Stadtkerne

Nicht verpassen

- Bei einer thematischen Stadtführung die Ostmoderne kennenlernen
- Mit dem Wassertaxi eine Hop-on Hop-off-Tour machen

  www.potsdamer-wassertaxi.de
- Die Insel Potsdam mit dem Fahrrad umrunden

Symbol für einen aufmüpfigen Müller: die historische Mühle im Park Sanssouci mit dem **Holländischen Viertel,** dem **Alten und Neuen Markt** sowie den Quartieren der barocken Stadterweiterung. Hier befinden sich auch die meisten Museen: vom **Potsdam Museum** über das neukonzipierte **Haus der Brandenburgisch-Preußischen Geschichte** bis hin zum **Filmmuseum.** Zu einer Fülle ansprechender Läden und Lokale gesellen sich komplett rekonstruierte Barockgebäude wie das **Palais Barberini** mit dem gleichnamigen hochkarätigen Kunstmuseum oder das **Stadtschloss,** das heute den Landtag Brandenburg beherbergt.

In den letzten Jahren rücken auch wieder Gebäude der Ostmoderne in den Fokus. Gutes Beispiel ist das ehemalige **Terrassenrestaurant Minsk** am Brauhausberg, das als Museum für zeitgenössische Kunst ein inspirierendes Nachleben führt.

Jenseits vom Zentrum

Nördlich der Innenstadt hat mit der Siedlung **Alexandrowka** eine besondere Rarität überdauert. Die Siedlung im russischen Blockhausstil mit Museum und Café ließ Friedrich Wilhelm III. 1826 als Ausdruck der freundschaftlichen Bande mit Zar Alexander I. errichten. Ober-

Der Eindruck täuscht: Nur von oben ist die Landeshauptstadt frei von Konflikten

Was tut sich hier?

Potsdamer Bürgerstiftung

Unter dem Motto „Lebe deine Stadt" stellt die Potsdamer Bürgerstiftung verschiedenste Projekt auf die Beine, um das Gemeinschaftsgefühl in der Stadt, Weltoffenheit und Toleranz zu stärken. Dazu gehört die Wiederbelebung der **Freilichtbühne auf der Freundschaftsinsel,** der **Quartierstreff Staudenhof** am Alten Markt, wo auch Jugendliche Freiräume finden, bis hin zum einheitlichen Pfand-Kaffeebecher für die ganze Stadt oder dem **Bürgermobil,** einer Fahrradrikscha, bei der ehrenamtliche Piloten Ältere oder Menschen mit Behinderung fahren.

www.potsdamer-buergerstiftung.com

Generationenübergreifende Bildung und Handwerken

Der Verein Inwole e. V. mit Projekthaus im Stadtteil Babelsberg hat sich der Förderung innovativer Wohn- und Lebensformen verschrieben und steht für vielfältige Aktivitäten und Bildungsangebote. Im Seminarhaus können politische Initiativen, Projektgruppen und Einzelpersonen ihre Ideen, Konzepte und Aktionen umsetzen. Ins **Werkhaus** mit Holz-, Keramik-, Textil- und Fahrradwerkstatt, Schmiede oder Ofenhaus sind handwerklich Interessierte vom Profi bis zum Bastler zu entsprechenden Kursangeboten eingeladen.

www.inwole.de

Beliebter Treffpunkt in der Innenstadt: das Nauener Tor

halb davon erhebt sich die russisch-orthodoxe **Alexander-Newski-Kapelle** auf dem Kapellenberg. Noch schöner ist der Blick allerdings vom benachbarten **Pfingstberg,** auf dem die Architekten Persius, Stüler, Hesse und von Arnim zwischen 1847 und 1863 einen Aussichtspalast mit Doppelturm und Kolonnaden im Stil italienischer Renaissancevillen errichtet haben. Ein engagierter Förderverein sorgt für Führungen, Konzerte und romantische Vollmondnächte.

Nördlich des **Kronguts Bornstedt** ist im Bornstedter Feld rund um den weitläufigen **Volkspark** ein neues Stadtquartier entstanden – auf einem ehemaligen Militärgelände.

Das Leben pulsiert aber vor allem im Stadtteil **Babelsberg** mit der historischen Webersiedlung, der Medienstadt und der Villenkolonie Neubabelsberg. Im Park Babelsberg steht auch das gleichnamige Schloss, das an eine mittelalterliche Burg erinnert. Von hier hat man eine eine wunderbare Sicht auf die Havellandschaft Potsdams.

Lebendige Schiffbauergasse

In der Berliner Vorstadt hat sich indessen die Schiffbauergasse zu einem innovativen Kulturstandort am Wasser gemausert. Neben dem Restaurantschiff John Barnett bieten das Hans-Otto-Theater, das Waschhaus, die fabrik Potsdam, das T-Werk sowie das Museum Fluxus+ eine geballte Ladung, Tanz, Theater, Kunst und Kultur.

Was tut sich hier?

Kunst- und Kreativhaus Rechenzentrum

Eine der kreativsten Institutionen der Stadt ist das Rechenzentrum, ein ehemaliges Datenverarbeitungszentrum aus DDR-Zeiten, das eigentlich 2023 für den Wiederaufbau der barocken Garnisonkirche weichen sollte. Nachdem das Gebäude leer stand, hat das Netzwerk Kulturlobby 2015 bewirkt, dass es bis zu seinem geplanten Abriss von rund 250 Künstlern und anderen freiberuflich Tätigen genutzt werden konnte. Das Konzept hat sich so bewährt, dass das Kreativhaus stehenbleiben darf. Neben günstigen Ateliers, Büros oder Werkstätten laden Veranstaltungsräume u.a. zu Ausstellungen und Konzerten ein.

https://rz-potsdam.de

Kostenfreie Lastenräder

Einen wichtigen Beitrag zur klimaneutralen Mobilität leistet das Projekt der fLotte Potsdam, das kostenfreie Lastenräder zur Verfügung stellt. Schon vor Jahren begannen Lastenradfans, MedienpädagogInnen und AktivistInnen aus dem Werkhaus Potsdam damit, den Bau von Lastenrädern mit kreativen Nutzungen zu verbinden. So entstanden in Schulen, Heimen für Geflüchtete, Kultur- und Jugendzentren Lastenräder, die als Schülerradio, Ackermobil oder Spielebike genutzt werden.

https://flotte-potsdam.de

Symbol der Ostmoderne: das denkmalgeschützte Mosaik am Rechenzentrum

34 Prädikow

Zusammen leben und arbeiten

Idyllisch gelegen im nördlichsten Zipfel der Märkischen Schweiz, überrascht Prädikow mit einem der ambitioniertesten Projekte im Land. So unscheinbar das 250-Seelen-Dorf, ein Ortsteil von Prötzel im Landkreis Märkisch Oderland, zunächst anmutet, ist der **Hof Prädikow** weit über die Region hinaus Modell für genossenschaftliches Wohnen und Arbeiten im großen Stil.

Das Dorf

Aus dem winzigen Ort sticht vor allem die hübsche **Feldsteinkirche** heraus, ein besonders schönes Exemplar der vielen alten Gebäude entlang der Oberbarnimer Feldsteinroute. Im 13. Jahrhundert als dreischiffige Basilika errichtet, wurde sie im Dreißigjährigen Krieg teilweise zerstört und im 19. Jahrhundert neugotisch überformt. Im Innern haben sich eine Renaissancekanzel aus der Zeit von 1600 und eine Querorgel erhalten. Dem Förderverein Dorfkirche Prädikow ist es zu verdanken, dass der Sakralbau auch hin und wieder Kulisse von Kirchenkonzerten und deutsch-polnischen Kräuterfesten ist.

Dorf und Hof Prädikow lassen sich wunderbar mit dem Fahrrad auf der Etappe der Tour Brandenburg von Strausberg nach Wriezen entdecken. Von Prädikow führt die Strecke dann über Reichenow mit dem gleichnamigen Schloss und dem Projekt Gut Reichenow nach Möglin, wo der Agrarreformer Albrecht Thaer schon vor 200 Jahren innovativ Landwirtschaft betrieb. Nach weiteren 4 Kilometern erreicht man Kunersdorf, wo ein originelles Museum an den Dichter Adelbert von Chamisso erinnert.

Bus & Bahn

- S5 alle 20 Min. bis Strausberg Nord, dann mit Bus 889 und 927 (Rufbus) über Prötzel oder besser per Fahrrad (9 km)

Fahrradrouten

- Tour Brandenburg
- Historische Stadtkernroute

Nicht verpassen

- Sich im tradionellen Prädikower Maislabyrinth verirren

  Ihlower Weg 1 | Juli/Aug. jeden Sonntag von 10–18 Uhr

- Am Wochenende im Schwarzen Storch auf dem Hof Prädikow selbst gebackenen Kuchen und saisonal belegten Flamkuchen essen

Nach und nach zieht im Hof Prädikow neues Leben ein

Was tut sich hier?

Genossenschaftliches Dorfleben auf dem Hof Prädikow

Eins der ehrgeizigsten Projekte im Nordosten Berlins ist der Hof Prädikow. Ursprünglich war der Vierseithof – der größte Brandenburgs – der Wirtschaftshof des Schlosses in Prötzel, einem repräsentativen, um 1712 errichteten Adelssitz. In Prädikow wurden damals erstmals englische Arbeitsgeräte wie Pflug und Egge eingesetzt, später auch die Vierfelderwirtschaft und Fruchtfolge eingeführt. Auf dem riesigen, leerstehenden Gelände mit Brennerei, Brauerei, Schmiede und Ställen hat sich der genossenschaftliche Verein Hof Prädikow e. V. eingerichtet, der das Gelände seit 2017 mit Hilfe des Neulandgewinner-Programms der Robert Bosch Stiftung und der Stiftung Trias als Ort zum gemeinschaftlichen Wohnen und Arbeiten entwickelt. Viele Gebäude bedürfen noch der Sanierung, andere sind bereits bewohnt. Kernstück ist die Scheune Prädikow, die mit multifunktionalen Räumen als offener Treffpunkt von Dorf und Region Prötzel fungieren soll. Unter ihrem Dach ist Platz für Co-Working und Seminare, aber auch für Kurse, Vorträge und Veranstaltungen oder Freizeitangebote wie Skatrunden. Besucher sind herzlich willkommen, Interessierte sowie andere Akteure der Region sind auch zu Infoveranstaltungen, Führungen oder Netzwerktreffen eingeladen. Allseits beliebt ist das Café & Bar Schwarzer Storch, das am Wochenende nachmittags Kuchen und kleine Speisen anbietet.

www.hof-praedikow.de

Reichenow

Nordwestlich von Prädikow, im etwa 7 Kilometer entfernten Reichenow, hat ein stattliches Schloss inmitten eines schönen Landschaftsgartens am Langen See überdauert. Ende des 9. Jahrhunderts im neugotischen Tudorstil errichtet, steht hier nach der sorgfältigen Restaurierung durch die Brandenburgische Schlösser GmbH BesucherInnen ein stilvolles Hotel mit 22 Zimmern und Suiten offen (*www.schlossreichenow.com*). Ganz anders ausgerichtet ist das benachbarte **Gut Reichenow.** Das große Gutsgelände nutzen neben allerlei Studios und Ateliers von freiberuflich Arbeitenden das **Lokal Delicati** mit saisonalem Wochenendbetrieb und der Verein Colaborative e. V., der sich als Bildungsstätte der Arbeit mit Jugendlichen widmet (*www.gutreichenow.de*).

Ein früher Ökologe in Möglin

Wie alt der Nachhaltigkeitsgedanke und die Prinzipien ökologischer Landwirtschaft sind, zeigt das **Thaer-Museum** im etwa 4 Kilometer entfernten Möglin. In dem hübschen Weiler verbreitete der Mediziner und Agrarreformer Albrecht Daniel Thaer mit seiner 1806 gegründeten Mögliner Lehranstalt sein innova-

Neben dem Schlosshotel lockt das Gut Reichenow mit Ateliers und dem Lokal Delicati

tives Gedankengut. Erhalten haben sich sein Gutshaus mit romantischer Parkanlage, in dem sich auch sein Grab befindet. Über Leben und Werk informiert eine kleine Ausstellung in einem nahegelegenen Neubau, den eine engagierte Fördergesellschaft mit zahlreichen Bildtafeln, Originalausgaben der Thaerschen Werke und Audioguides ausgestattet hat *(www.albrecht-daniel-thaer.org)*.

Chamisso-Museum in Kunersdorf

Vier Kilometer weiter, in Kunersdorf, hat ein tatkräftiger Förderverein einen einstigen Musenhof mit neuem Leben gefüllt. Im 18. und frühen 19. Jahrhundert bewirtschafteten weitsichtige Frauen, Helene Charlotte von Lestwitz und deren Tochter, ihre landwirtschaftlichen Besitzungen nach den fortschrittlichen Prinzipien Albrecht Thaers. Zugleich holten sie eine illustre Gesellschaft aus Politik, Wissenschaft und Kultur in die Provinz. Nachdem neben Wilhelm und Alexander von Humboldt auch Adelbert von Chamisso zu Gast war und hier „Peter Schlemihls wundersame Geschichte" verfasste, erinnert ein liebevoll gestaltetes Museum in einer alten Villa an den Schriftsteller (*www.kunersdorfer-musenhof.de*).

35

Raddusch

Ideenschmiede im Spreewald

Viele kommen nach Raddusch, um die beeindruckende Slawenburg zu besuchen, die hier zwischen 1994 und 2003 rekonstruiert wurde. Doch auch das Spreewalddorf selbst, das an sorbischen Gebräuchen festhält und 2011 im Wettbewerb „Unser Dorf hat Zukunft" den Kreistitel holte, lohnt den Besuch. Hauptattraktion neben der Wald- und Wasserlandschaft, die sich per Kahn, Paddelboot oder Fahrrad erkunden lässt, sind die Weißstörche, die hier Jahr für Jahr ihre Nester besetzen. Mittels eines bei der Feuerwehr erhältlichen QR-Codes kann man ihnen während der Brutzeit per Smartphone ins Nest schauen.

So klein die Gemeinde ist – sie sprüht vor innovativer Energie. Die Kaiserliche Postagentur und die Spreeakademie haben sich nichts Geringeres vorgenommen, als den Strukturwandel in der Region voranzubringen und ganz konkret aus Raddusch ein „essbares Dorf" zu machen (siehe Seite 135).

Das Spreewalddorf

1294 erstmals urkundlich erwähnt, wurde die Gegend ursprünglich vom slawischen Stamm der Lusici bewohnt, bevor sich im Rahmen der Christianisierung auch deutsche Bevölkerung ansiedelte. Heute prägen noch immer die Osterbräuche und andere Traditionen der Sorben, die als Nachfahren der Lusici gelten, das Spreewalddorf.

Lange war Raddusch ein reines Bauerndorf, in dem Gurken, Flachs, Tabak und Meerrettich angebaut wurden. Heute spielt der Tourismus eine immer größere Rolle. Besuchermagneten sind unter anderem historische Gebäude wie die 1777

Bahn

- RE 2, alle 60 Min., ca. 1 Std. 20 Min. ab Berlin Hbf

Fahrradrouten

- Gurkenradweg

Nicht verpassen

- Mit dem Paddelboot durchs Biosphärenreservat schippern
- Den Weißstörchen ins Nest schauen

  www.storchennest.de
- In der Vila Raduš leckeren Kuchen essen und schöne Spreewaldprodukte kaufen

  Radduscher Bahnhhofstr. 1

Jenseits der alten Buschmühle werden Perspektiven für die Lausitz entwickelt

Uralt, aber innen neu aufbereitet: die rekonstruierte Slawenburg Raddusch

erbaute **Buschmühle** und das **Haus Kaupen Nr. 2**, das sich mehr oder weniger im Originalzustand von 1850 erhalten hat. Vom Naturhafen starten Spreewaldkähne zur Liebesinsel, zur Dubkow-Mühle oder nach Leipe.

Die Slawenburg

Dass die Gegend schon lange vor der Existenz des Dorfs besiedelt war, beweist die Slawenburg. Entdeckt wurden ihre Überreste bei Ausgrabungen im Zusammenhang mit dem Braunkohletagebau, die Rekonstruktion wurde 2003 eingeweiht. Anders als eine Ritterburg mit Türmen, Wehrgängen und Schießscharten handelt es sich bei der alten Burg der Lusici um einen schlichten, kreisrunden Bau auf einer riesigen Freifläche. Offensichtlich bot dieser so keine Ecken zum Angreifen. Statt als Festung fungierte die Slawenburg aber auch eher als Speicherort für Lebensmittel, Schutzraum und Kultort, um den herum sich dörfliche Strukturen herausbildeten. Dank der gut gemachten Ausstellung im Innern der sieben Meter hohen Wälle lässt sich hier viel über die Lebensweise der slawischen Bevölkerung erfahren, die einst aus Gebieten des heutigen Polens, der Ukraine und des Baltikums einwanderte. Die Menschen verehrten Wasser- und Naturgötter und betrieben Ackerbau und Viehzucht. Die Burg gaben sie aber offensichtlich im 12. Jahrhundert schon wieder auf.

Was tut sich hier?

Kaiserliche Postagentur

Die ehemals Kaiserliche Postagentur war einst im Gasthaus Poetsch neben Kolonialwarenladen und Tanzsaal fester Bestandteil des Dorflebens. 2018 hat sie sich nach langem Leerstand in einen Ort für neue Projekte verwandelt. Soziale Unternehmen und Initiativen, die sich der nachhaltigen Regionalentwicklung verschrieben haben, finden hier Freiraum für moderne Arbeitskonzepte zwischen Stadt und Land. Dazu gehören der Think Tank Lausitzer Perspektiven, die Spreeakademie, der Reise-Veranstalter Spreescouts oder der Verein Wertewandel e. V. aus Vetschau, der sich für demokratische Entwicklung und Soziales einsetzt.

www.kaiserliche-postagentur.de

Essbares Dorf Raddusch

Die **Spreeakademie** will mit ihren Bildungsangeboten zu einer nachhaltigen Entwicklung und dem erfolgreichen Strukturwandel in der Lausitzregion beitragen. Mit Workshops, Exkursionen und Lernreisen werden sowohl die Kommunen als auch einzelne AkteurInnen bei den Transformationsprozessen unterstützt. Themen sind unter anderem zukunftsfähiges Bauen aber auch umweltbewusste Landwirtschaft und gesunde Ernährung. Unter dem Motto „Essbares Dorf" wurden mit Bürgerbeteiligung an Straßen und öffentlichen Plätzen Pflanzen mit essbaren Früchten gepflanzt, sodass Passanten sich daran bedienen können.

www.spreeakademie.de

Inspirierende Landschaft am Naturhafen

36 Seelow

Kleine Leuchttürme im einsamen Osten

Einst stand Seelow mit dem **Schweizerhaus** für landwirtschaftliche Innovation und Kultur im ländlichen Raum. Doch nachdem im April 1945 auf den Seelower Höhen eine der schrecklichsten Schlachten des Zweiten Weltkriegs unzählige Opfer forderte, ist der Name des Orts vor allem mit diesen Grauen verbunden.

Heute zählt das mehr als 770 Jahre alte Städtchen rund 6 000 EinwohnerInnen. Im Ortszentrum sticht die **Stadtkirche** von 1832 heraus, ein langgestreckter Backsteinbau nach Plänen von Karl Friedrich Schinkel. Es schließt sich das historische Kirchviertel an. Hier enstand Mitte des 19. Jahrhunderts als Fabrik und Gewerbegebäude der zweigeschossige Klinkerbau der **Alten Dampfbäckerei,** wo inzwischen eine Keramikwerkstatt Platz zum Töpfern bietet. Der Förderverein Alte Dampfbäckerei Seelow e. V. organisiert Ausstellungen, Konzerte oder die Seelower Kultursommernacht. Nicht weit davon entfernt steht das denkmalgeschützte **Kreiskulturhaus** von 1957 im Stil des Neoklassizismus, das hin und wieder zu Theater, Literatur- und Erzählcafé oder anderen Veranstaltungen einlädt. Ansonsten ringt Seelow mit einer besseren Verkehrsanbindung und der Sanierung des Bahnhofs.

Interessant ist auch das Schul- und Bethaus im Dörfchen Altlangsow nordöstlich von Seelow. Nach Plänen von Schinkel um 1832 errichtet, nutzt ein Förderverein das Kleinod mit hölzernem Tonnengewölbe für Ausstellungen, Lesungen und Konzerte.

Bahn

- RB26, alle 60 Min. ab Berlin-Lichtenberg nach Seelow-Gusow, dort umsteigen in RB60 nach Seelow

Fahrradrouten

- Oderbruchbahnradweg

Nicht verpassen

- Die Gedenkstätte Seelower Höhen besuchen, die an die Weltkriegsschlacht von 1945 erinnert
- An Sonntagen im Sammeltassencafé des Schweizerhaus einkehren
- Auf dem Oderbruchbahnradweg zur Komturei Lietzen fahren, einer Gutsanlage aus dem 13. Jahrhundert (von Seelow ca. 9 Kilometer)

Vorbildlich und schön zugleich: das Mustergut Schweizerhaus bei Seelow

Was tut sich hier?

Schweizerhaus Seelow

Gleich hinter der Gedenkstätte führt ein unscheinbarer Weg zu den Simonschen Anlagen, wo der jüdische Bankier, Kunstmäzen und spätere Finanzminister der Weimarer Republik Hugo Simon von 1919 bis zu seiner Flucht nach Brasilien ein einzigartiges Mustergut betrieb. Kurt Tucholsky, Thomas Mann und Albert Einstein waren hier zu Gast, bevor die Gutsanlage 1933 beschlagnahmt und in der DDR-Zeit zum VEB Gartenbau Seelow wurde. Die Gemeinde Seelow erwarb das Mustergut später von der Erbengemeinschaft. Ein rühriger Heimatverein hat das Gelände mit Schweizer- und Goethehaus denkmalgerecht saniert und lädt zu Führungen ein.

www.heimatverein-seelow.de

Kunstspeicher Friedersdorf

Südlich von Seelow sorgt der Freundeskreis Friedersdorf e. V. seit 30 Jahren für Kunst und Kultur in einem schönen, alter Kornspeicher. Außerdem belebt ein Laden das Gebäude mit regionalen Produkten über Holzspielzeug bis hin zu Keramik sowie ein rustikales Wirtshaus, das seine Gäste mit saisonaler, regionaler Küche bewirtet.

www.kunstspeicher-friedersdorf.de

Galerie Trafo.1 in Regenmantel

Noch ein Stück weiter südlich überrascht ein totales Kuriosum: die kleinste Galerie Deutschlands in einem ehemaligen Trafo-Haus im winzigen Örtchen Regenmantel.

www.kunstregen.eu

37 Steinhöfel

Kochende Gärten neben dem Märchenschloss

Verwunschen wirkt der Park von Steinhöfel, der das Schloss aus dem 18. Jahrhundert umgibt. Im Stil eines englischen Landschaftsgartens gestaltet, setzen Sichtachsen Wassergräben und alte Baumsolitäre mit kleinen Tempeln in Szene. Doch so verträumt die Anlage ist, der Ort selbst ist ganz und gar nicht verschlafen.

Als lebendiges Gemeinwesen stellt er sich mit der „Erklärung für ein weltoffenes Steinhöfel" selbstbewusst rechtsextremen Tendenzen entgegen. Mit am Strang ziehen mehrere Vereine, die Landwirtschaft mit Kunst und neuen Lebensformen verbinden. Zentraler Ort des Austauschs ist unter anderem die **KulturScheune,** die der gleichnamige Verein mit Theater- und Kunstprojekten bespielt.

Schloss Steinhöfel

Vermutlich im 13. Jahrhundert als Steinihobell gegründet, ist das heutige Steinhöfel ein einzigartiges klassizistisches Ensemble aus Schloss, Dorf und Parklandschaft. Valentin von Massow, der den Besitz im 18. Jahrhundert von der Adelsfamilie von Wulffen übernahm, ließ das Gelände um 1790 herum von Baumeister David Gilly und dessen Sohn in klassizistischem Stil umgestalten. Der ehemalige Barockbau von 1730 wurde durch zwei Seitenflügel und ein neues Geschoss mit Walmdach ergänzt, dazu steuerte Johann August Eyserbeck einen englischen Landschaftsgarten bei. Hat man die von zwei Sphinxen flankierte Toreinfahrt passiert, ziehen der künstlich angelegte See, ein chinesisches Teehaus und eine frühere Bibliothek in Gestalt eines

Bus & Bahn

- RE1 und Bus 433, mehrmals tgl. über Fürstenwalde, ca. 1 Std. 35 Min. ab Berlin Hbf

Fahrradrouten

- Oderbruchbahnradweg
- Märkische Schlössertour

Nicht verpassen

- In den Ferienwohnungen der Schlossremise die ländliche Ruhe genießen
  www.schlossremise-steinhoefel.de
- Sich im Herbst auf der Apfelradtour an Fallobst sattessen
  www.apfelradtour.de

Der schöne Nachbar vom Verein landkunstleben

Was tut sich hier?

Gärtnern und genießen im landkunstleben

In einen idyllischen Ort des Arbeitens, Lernens und Genießens hat sich ein Teil der ortsansässigen Gärtnerei verwandelt. Im Verein landkunstleben e. V. helfen Freiwillige aus ganz Europa dabei mit, den Garten ökologisch zu bewirtschaften, aber auch Frühlings-, Sommer- oder Apfelfeste und Kunstprojekte zu organisieren, zu denen auch Außenstehende willkommen sind. Ein eigenständiges Projekt sind die „Kochenden Gärten", die Kochkurse mit alten Gemüsesorten anbieten. Hobby-Gärtner können hier auch jeweils für ein Jahr als Agronauten ihr eigenes Stück Land bewirtschaften.

www.landkunstleben.de

Haus des Wandels Heinerdorf

Sehr ambitioniert – als post-lokalen Dorfplatz – beschreibt sich der Verein Haus des Wandels e. V. Als Teil des Bündnisses Weltoffenes Steinhöfel kaufte er 2018 die leerstehende Betriebsberufsschule mit Internat, um einen Ort für Kunst und Lernen, Aktion und Verhandlung daraus zu machen – verbindend und widerständig zugleich. Zu den Aktivitäten gehören Kunstprojekte mit einem Residency-Programm und Workshops, gleichzeitig finden hier Dorfinitiativen wie Nähgruppen oder die Bibliothek Unterschlupf. Interessierte werden auch schon mal zum Frühjahrsputz eingeladen.

www.hausdeswandels.org

antiken Tempels die Blicke auf sich. Inzwischen ist aus dem Anwesen ein stattliches Schlosshotel geworden, das nicht nur bei Hochzeitspaaren beliebt ist. Im Dorf hat indessen eine hübsche Feldsteinkirche aus dem 13. Jahrhundert mit reicher Innenaustattung überdauert, um deren Erhalt sich ein überkonfessioneller Förderkreis bemüht.

Schräg gegenüber bereichert mit dem **Alten Amtshaus** ein weiteres historisches Gebäude das Dorfensemble. Wie das Schloss wurde dieser Verwaltungsbau um 1790 von David Gilly im klassizistischen Stil errichtet. Als Tauschbibliothek, Galerie und Veranstaltungsort ist es heute der Öffentlichkeit zugänglich. Ein Eiscafé gibt es auch!

Historisches Behlendof

10 km nördlich liegt am Westufer des Heinersdorfer Sees mit Behlendorf ein besonders Kleinod am Oderbruchbahnradweg. Der winzige Ort überrascht mit einem denkmalgeschützten historischen Gutshof, der 1802 nach Plänen Karl Friedrich Schinkels angelegt wurde. Herrenhaus, Landarbeiterhäuschen und eine Brennerei aus Feldstein verteilen sich kreisförmig um einen kleinen Teich herum.

Die alten Gemüsesorten im Garten vom landkunstleben landen später im Kochtopf

Was tut sich hier?

Zusammen in Neuendorf

Der Gutshof Neuendorf im Sande westlich von Steinhöfel am Oderbruchbahnradweg war in den 1930er-Jahren eine der größten Hachschara-Stätten Deutschlands. Auf dem Gelände mit 36 Hektar Land wurden Menschen ausgebildet, um nach Palästina auszuwandern und dem NS-Regime zu entkommen. Heute leben an dem historischen Ort, der zu den neun offiziellen „kulturellen Ankerpunkten" des Landes Brandenburg gehört, rund fünfzig Menschen. Neben der Bewirtschaftung mit ökologischer Landwirtschaft und Werkstätten, für die noch Mitstreiter gesucht werden, bemüht sich der Verein Zusammen in Neuendorf S.A.N.D.E. e. V. um den künstlerischen und soziokulturellen Dialog mit der Region. Mit dem Verein Geschichte hat Zukunft e. V. arbeitet er die Geschichte des Gutshofs auf, veranstaltet Dorfführungen und Workshops.

www.zusane.org

Kulturfabrik Fürstenwalde

Ein abwechslungsreiches Kontrastprogramm zum ländlichen Steinhöfel bietet die Kulturfabrik in einem ehemaligen Industriekomplex im benachbarten Fürstenwalde mit Lesungen, Theater, Kabarett und Konzerten.

www.kulturfabrik-fuerstenwalde.de

38

Templin

In alten Mauern

Lübbesee, Stadtsee, Fährsee, Röddelin- und Netzowsee: Reichlich Wasser umgibt das Städtchen in der Uckermark – und eine intakte mittelalterliche **Stadtmauer** aus dem 13. und 14. Jahrhundert mit 47 Türmen, Schießscharten und Stadttoren. Von dieser Wehranlage beschützt, konnte die 1230 gegründete Stadt niemals eingenommen werden.

Dafür haben ihr der Dreißigjährige Krieg und Großbrände zugesetzt. Die schönen Fachwerkhäuser im rechtwinkligen Stadtgrundriss haben ihnen glücklicherweise standgehalten und sind inzwischen vorbildlich saniert. Auch die **St.-Georgen-Kapelle** im Stil der Backsteingotik mit ihrem Kreuzrippengewölbe aus dem 14. Jahrhundert ist davongekommen. Die barocke **Stadtkirche St. Magdalenen** und das terrakottafarbene **Rathaus** mit seinem Walmdach am Markt mussten indessen um 1750 wieder aufgebaut werden. Hier hat unter anderen die Touristinformation ihren Sitz.

Das südliche Ende der historischen Innenstadt markiert das **Berliner Tor,** eins der schönsten Beispiele norddeutscher Backsteingotik. Sein ebenso ansehnliches Pendant im Nordwesten, das **Prenzlauer Tor,** beherbergt das **Museum für Stadtgeschichte Templin** mit einer Dauerausstellung über die Stadt und Region.

Thermalbad und Europaschule

Durchaus ansehnlich ist sie also, die sogenannte Perle der Uckermark, die 2020 ihr 750-jähriges Bestehen feierte. Dank **Naturtherme** darf die Stadt Templin sich sogar Thermal-

Bahn

- RE5 und RE 12 alle 60 Min. über Oranienburg,
  ca. 1 Std. 37 Min. ab Berlin Hbf

Fahrradrouten

- Tour Brandenburg

Nicht verpassen

- In der Naturtherme entspannen
  www.naturthermetemplin.de
- Bei der Stadtführung Templin bei Nacht die romantische Innenstadt erkunden
- Im nostalgischen Café-Flammerie Templino Flammkuchen essen
  Pestalozzistraße 21 | www.flammerie-templino.de

Im mittelalterlich geprägten Templin ist auch Platz für Kunst und Kultur

soleheilbad nennen. Dennoch hat sie mit Überalterung und Abwanderung zu kämpfen. Dem gingen 2020 lokale Institutionen wie das Multikulturelle Centrum oder der Templiner Bürgerverein in einem Recherche- und Kunstprojekt zum Thema Heimat und Stadtentwicklung nach, das zum Dialog über die Zukunft Templins führte.

Inzwischen zeichnet sich beim Bevölkerungsrückgang eine Trendwende ab. Ein denkmalgeschütztes Brauerei-Areal soll durch gemeinschaftliches Wohnen wiederbelebt und aus dem ehemaligen Schlachthof der Jugendclub „Nachttreff" werden.

Visionäres Leuchtturmprojekt, das ein Förderverein und eine Stiftung vorantreiben, ist die für 2024 geplante Eröffnung der **Europaschule Templin.** Um die 340 Schüler aus ganz Europa sollen in naher Zukunft im Gebäudeensemble des historischen Joachimsthalschen Gymnasiums am Ufer des Stadtsees gemeinsam lernen und leben.

Zum ehemaligen Gymnasium gehört auch ein Botanischer Garten vom Anfang des 20. Jahrhunderts, der schon seit 1988/89 als Lehr- und Schaugarten mit rund 450 Wild-, Zier- und Nutzpflanzen rekultiviert wurde.

Mit Seen und schöner Landschaft ist die Stadt nicht nur für Touristen attraktiv

Was tut sich hier?

Multikulturelles Centrum mit Kino und Live-Bühne

Aus einem Projekt zur Rettung des örtlichen Kinos entwickelte sich das Multikulturelle Centrum Templin e. V., ein innovatives Kulturzentrum mit Zugang zum Badesee. Neben einer Bühne für Tanz, Theater und Konzerte stellen uckermärkische Künstler in der Foyer-Galerie aus. Außerdem wird ein anspruchsvolles Kinoprogramm geboten. Mithilfe einer digitalen Anlage gastiert es als mobiles Kino auch an erstaunlich vielen anderen Orten der Uckermark.

www.mkc-templin.de

Kunstverein und Kunstschule

Im neuen Rathaus am Stadtsee betreibt der Kunstverein Templin e. V. neben seiner Kunstschule eine Galerie mit wechselnden Ausstellungen lokaler und internationaler Künstler.

www.kunstverein-templin.de

Theater in Metzelthin

12 Kilometer nördlich von Templin, im Uckermark-Dorf Metzelthin, hat eine Gruppe von Theatermachern im großen Stall eines Ritterguts eine Spielstätte eingerichtet Hier spielt nun nichts Geringeres als das Uckermärkische Nationaltheater.

39 Trebnitz

Weltoffener Begegnungs- und Lernort

Neuhardenberg, Steinhöfel, Alt Madlitz – viele Schlösser im Osten Brandenburgs laden schön saniert zu stilvollen Landaufenthalten ein. Schloss Trebnitz hat einen anderen Weg gewählt: Aus dem einstigen Adelssitz zwischen Märkischer Schweiz und Oderbruch ist eine internationale Begegnungs- und Bildungsstätte mit deutsch-polnischem Schwerpunkt geworden. Mit ihrer Akademie der Dorfhelden hat sie auch das Leben in der Gemeinde neu belebt. Ein kultureller Leuchtturm ist das dazugehörige Gustav Seitz Museum.

Das Schlossareal

Die repräsentative Gutsanlage mit Ehrenhof, denkmalgeschützten Wohn- und Wirtschaftsgebäuden sowie einem 27 Hektar großen Schlosspark hat eine wechselvolle Geschichte hinter sich, die bis ins 12. Jahrhundert zurückreicht. Nach Georg Friedrich von Ziethen, dem das Gut 1707 zufiel und der als Pflanzenliebhaber diverse exotische Gewächse anpflanzen ließ, ging es 1827 an die Familie von Brünneck. Diese ließ das Herrenhaus zunächst klassizistisch und später neobarock überformen und ersetzte den inzwischen verwilderten Botanischen Garten durch einen englischen Landschaftspark. Neben landwirtschaftlichen Reformen sorgte sie auch für einen Bahnanschluss. Nachdem der letzte Besitzer 1945 von den Nazis enteignet wurde, diente Schloss Trebnitz als Flüchtlingsunterkunft, Schule und Lager.

Unter der Ägide des 1992 gegründeten Vereins Schloss Trebnitz Bildungs- und Begegnungsstätte wurde das Ensemble vorbildlich saniert und zu einem erfolgreich arbeitenden Lernort, der überregional zunehmend Beachtung findet.

Bahn

- RB 26 alle 2 Std., ca. 50 Min. ab Berlin Ostkreuz

Fahrradrouten

- Märkische Schlössertour

Nicht verpassen

- Sich im Dorfladen und dem Café in der Remise stärken

  Trebnitzer Hauptstraße 6

- Mit Audioguide durch die Schlossanlage wandeln. Zu finden unter:

  www.guidemate.com

Das Gustav Seitz Museum – sehenswerte Bereicherung für das Begegnungszentrum

Was tut sich hier?

Kreativer Lernort mit Akademie der Dorfhelden

Hinter der neobarocken Fassade treffen Jahr für Jahr Tausende von Jugendlichen aus Deutschland, Polen und anderen Ländern aufeinander, um gemeinsam zu musizieren, zu tanzen, bei Obstbaumprojekten oder der Initiative Friedenswald mitzuwirken und sich im demokratischen Miteinander zu üben. Auch Erwachsene sind zum Bildungsurlaub oder zu Sprachkursen willkommen. Während sich die **Parkhelden** um den Erhalt des Landschaftsgartens kümmern, versammeln sich Akteure des ländlichen Raums in der Akademie der **Dorfhelden.** Bei Schlossgesprächen findet ein regelmäßiger Austausch mit den Dorfbewohnern statt. Außerdem ist der integrative Dorfladen mit Café in der ehemaligen Remise zum Zentrum der lebendigen Dorfgemeinschaft geworden.

www.schloss-trebnitz.de

Gustav Seitz Museum

Eine archaische Sappho, eine voluminöse Venus, ein Torso aus melonenförmigen Brüsten: Die Skulpturen von Gustav Seitz im ehemaligen Waschhaus sind ein schöner Blickfang im Schlossareal. 1906 bei Mannheim geboren, lebte der Bildhauer vor allem in Berlin und Hamburg, wo er 1969 starb. In Trebnitz kommt der Nachlass des Künstlers zusammen mit wechselnden Ausstellungen besonders gut zur Geltung.

www.gustav-seitz-museum.de

40 Werder (Havel)

Inselstadt im Aufbruch

Die Blütenstadt Werder inmitten von Havelseen ist schon ein besonders schönes Stück Brandenburg. Auf der historischen Insel mit kopfsteingepflasterten Straßen gruppieren sich denkmalgeschützte, aufwendig sanierte Häuser um den Markt. In ihnen haben sich hübsche Geschäfte, Künstler-Ateliers, Galerien und schicke Lokale eingerichtet, eins schöner als das andere. Hier und da liegen am Havelufer noch die Netze der Fischer aus, die Luft ist vom Rauch des beliebten Räucherfischs geschwängert. Kein Wunder, dass dieses Bilderbuchszenario immer mehr Menschen anzieht.

Werder konnte 2017 sein 700-jähriges Bestehen feiern. Hervorgegangen aus einem ursprünglich slawischen Fischerdorf, gewann in den letzten Jahrhunderten der Obst- und Weinanbau immer mehr an Bedeutung für den Ort. Dargestellt wird diese Entwicklung im Obstbaumuseum im ehemaligen Stadtgefängnis.

Im Zuge des allmählichen Aufschwungs entstanden Stadtpalais wie das **Lendelhaus** am Markt, später das **Alte Rathaus** und die neugotische **Heilig-Geist-Kirche** nach einem Entwurf von August Stüler, die innen mit dem ungewöhnlichen barocken Ölgemälde „Christus als Apotheker" überrascht. Nicht weit davon entfernt grüßt das Wahrzeichen der Stadt, die aus Sachsen stammende Bockwindmühle.

Neue Infrastruktur für die wachsende Stadt

Jenseits der Insel der Seligen – in den Plattenbauvierteln, den Wohn-

Bahn

- RE 1, alle 30 Min., ca. 35 Min. ab Berlin Hbf

Fahrradrouten

- Havelradweg

Nicht verpassen

- Dem europaweit einzigen Christian-Morgenstern-Museum einen Besuch abstatten. In Werder verfasste er 1895 seine berühmten „Galgenlieder".

  Altenkirch-Weg 150

- Sich im Gourmetrestaurant Alte Überfahrt verwöhnen lassen

  www.alte-ueberfahrt.de

Fast schon überrestauriert: die historische Inselstadt

Was tut sich hier?

Kreative Vulkanfiberfabrik

In der ehemaligen, traditionsreichen Vulkanfiberfabrik hat sich nicht nur die Firma Design & Robotics von Sebastian Voigt angesiedelt, die auf Forschung und Entwicklung robotergestützter Fertigungsverfahren spezialisiert ist. Nachdem die Künstlerinnen Ruth Gindhart und Gisela von Bruchhausen die beeindruckende Halle des Industriedenkmals saniert und als Bildhaueratelier nutzten, hat sie der Verein VulkanKunstWerke e. V. in eine interdisziplinäre Werkstatt für Malerei, Fotografie und Bühnenbau verwandelt, die auch Kulisse für Ausstellungen, Lesungen, Konzerte und Theater ist.

www.ateliervulkanfiberfabrik.com

Kaffee Kontor Werder im Lendelhaus

Das Kaffee Kontor Werder befindet sich auf der Insel Werder in der historischen Saftfabrik, die zum Lendelhaus gehört. Das einstige Herrenhaus der Familie Lendel beherbergt heute zwei Galerien, in denen ortsansässige KünstlerInnen ausstellen, ein Catering-Team, Ferienwohnungen und Apartments sowie die **Kaffeerösterei** von Michael Scheibe. Der besonders schonend geröstete Kaffee stammt aus fairem Handel, teils aus sozialen Projekten in Kenia, Äthiopien und Guatemala. In liebevoll restaurierten Räumen mit alten Dielenböden und Fachwerk hat er sein **Café** eingerichtet, über den idyllischen Hof gelangt man ans Ufer der Havel.

Am Markt 21 |
www.kaffeekontorwerder.de

blöcken der Fliegersiedlung oder rund um das Gewerbegebiet Havelauen – sieht es schon nicht mehr so idyllisch aus. Nachdem sich die Bevölkerungszahl nach der Wende mehr als verdoppelt hat – auf inzwischen mehr als 26 000 Einwohner –, sind nicht nur gediegene Neubausiedlungen in Form von Reihenhäusern oder exklusiven Einfamilienhäusern entstanden. Als Vorbild für andere neue Wohnquartiere taugt jedoch das **Uferwerk,** das auf einem ehemaligen Fabrikgelände in der Nähe des Bahnhofs entstand.

Nachdem am Hafen vor einigen Jahren die **Haveltherme** ihre Tore für Badegäste geöffnet hat, soll unter anderem ein Tunnel den Übergang an der stark befahrenen Eisenbahnstraße ersetzen. Außerdem wird sich künftig parallel zur Eisenbahnbrücke eine treppenlose, bodengleiche Radfahrer- und Fußgängerbrücke über den Großen Zernsee spannen.

Nördlich der Bahnstrecke dehnt sich auch das neue Stadtviertel rund um die moderne **Marina Havelauen** aus. Rund um die Promenade haben sich Restaurants und Läden angesiedelt, eine Brücke für Fußgänger und Radfahrer führt über das Hafenbecken.

Kein Wunder, dass die Wasserlandschaft um Werder neue Einwohner lockt

Was tut sich hier?

Uferwerk am Großen Zernsee

Das Uferwerk am Großen Zernsee steht für genossenschaftliches Mehrgenerationenwohnen am Wasser. Auf einem ehemaligen, bahnhofsnahen Fabrikgelände leben seit 2017 rund hundert Erwachsene und 60 Kinder. Rund um eine frühere Mosterei verteilen sich neue Häuser, Gemeinschaftsgärten, eine Bootssauna und ein Tauschladen. Bei der Sanierung der Alt- und Errichtung der Neubauten wurden vorrangig ökologische Baustoffe verwendet – besonders gutes Beispiel ist das Strohballenhaus Haus 28. Die Energieversorgung erfolgt durch Photovoltaikanlagen, die Foodcoop Gute Luise e. V. versorgt die Gemeinschaft mit ökologischen Lebensmitteln aus der Region. Inzwischen hat sich auch eine Carsharing-Community zusammengefunden.

www.uferwerk.org

Klimawerkstatt Werder

Ebenfalls auf dem Gelände des Uferwerks angesiedelt ist die Klimawerkstatt des Halle 36 e. V. Sie bietet Raum für einen offenen nachbarschaftlichen Austausch zum Thema Klimaschutz und unterstützt mit fachlicher Beratung Privatpersonen bei der Umsetzung. Dazu gehören eine Fahrrad-, Metall-, Holz- und Nähwerkstatt und das Repair-Café.

www.klimawerkstatt.info

41 Wiesenburg

Umtriebige Perle des Fläming

Auf den ersten Blick besticht Wiesenburg mit seinem historischen Schloss-Ensemble inmitten landschaftlich reizvoller Umgebung. Dass das Dorf Modellort der Smart Cities ist, sieht man ihm jedenfalls nicht unbedingt an. Doch hinter den Kulissen entpuppt es sich als quicklebendiges Gemeinwesen. Um Lebensqualität im ländlichen Raum ringen Künstler, Kunsthandwerker, Ehrenamtliche sowie genossenschaftlich organisierte Häuslebauer.

Vom Dorf aus wirkt das **Wiesenburger Schloss** wie eine trutzige Festung. Aus dem 13. Jahrhundert haben sich Teile des Torhauses, der Ringmauer und des mächtigen Bergfrieds erhalten, der aus 48 Meter Höhe ein tolles Panorama über die Landschaft eröffnet. Zur Parkseite hin erstrahlt indessen die prächtige Fassade eines Schlosses im Stil der Neorenaissance. In die hat sich die Burg verwandelt, nachdem sie ausgebrannt und im 16. Jahrhundert wieder aufgebaut wurde. Heute wird das Schloss privat zum Wohnen und Arbeiten genutzt. Im Bergfried aber hat sich die **Touristerei** mit einer **Heimatstube** eingerichtet.

Hauptattraktion von Wiesenburg ist der **Schlosspark,** ein 127 Hektar großes Gelände, das im 19. Jahrhundert im Stil eines englischen Landschaftsgartens gestaltet wurde. Opulente Teppichbeete wechseln ab mit Teichen, Wiesen und Baumpartien, zu denen auch Raritäten wie Douglasien und seltene Nadelhölzer aus Japan und China gehören. Hinter dem Schlosspark lohnt noch die Feldsteinkirche aus dem 13. Jahrhundert mit bemalter flacher Holzdecke einen Abstecher.

Rundum zeugen Galerien und Ateliers davon, wie inspirierend der Ort auf viele Menschen wirkt.

Bahn

- RE7, stündlich (am Wochenende alle 2 Stunden), ca. 70 Min. ab Berlin Hbf

Nicht verpassen

- In der alten Alte Schule Kunstwerke bestaunen

  www.alteschule-wiesenburg.de
- Sich im Café & Bistro im Bahnhof stärken
- Auf den Kunstwanderwegen durch den Hohen Fläming streifen

Zu Schloss Wiesenburg gesellt sich bald ein KoDorf mit Tiny Houses

Was tut sich hier?

Country Golf im Bahnhof Wiesenburg

Gut zwei Kilometer von Dorf und Schloss entfernt liegt der Bahnhof von Wiesenburg, dessen Wiederbelebung der Genossenschaft Bahnhof am Park zu verdanken ist. Inzwischen betreibt hier der Country Golf Club ein **Café & Bistro** mit Fahrradverleih. Daneben lockt ein mit Biotopen gespickter **Naturgolfplatz** zum Abschlag. Hier wird mit allen Konventionen des Golfs gebrochen: keine Etikette, kein kompliziertes Regelwerk, keine Kleiderordnung, keine eigene Ausrüstung und keine Startzeitenplanung. Stattdessen gibt es Golf für jeden zu bezahlbaren Preisen auf einer natürlichen Anlage, die Flora und Fauna schützt.

www.countrygolf.de

KoDorf

Neues Leben entsteht mit dem KoDorf auf dem Areal eines ehemaligen Sägewerks. Hier errichtet eine Baugenossenschaft mit Unterstützung der Gemeinde einen modernen, nachhaltig orientierten Ort zum Leben und Arbeiten mit ökologischer Architektur, Co-Working-Space, Werkstätten und Selbstversorger-Gärten. Neben den 40 neuen Kleinhäusern in Holzbauweise soll das sanierte Sägewerk das zentrale gemeinschaftliche Element des KoDorfs werden, wo Seminare, Ateliers, Gastro und Aufenthaltsräume Platz haben.

www.kodorf-wiesenburg.de

42

Wittenberge

Pioniere an der Elbe

Die Lage an Elbe und Stepenitz mit Elbuferpromenade, Sporthafen sowie ICE-Anbindung ist vielversprechend. Doch macht die Stadt insgesamt einen zerrissenen Eindruck. Zwar haben sich im Zentrum einige bemerkenswerte **Jugendstilbauten** erhalten, aber zwischen alten Industriebauten, Wohn- und Einkaufsstraßen sowie neuen Einfamilienhäusern klafft so manche Baulücke oder Brache. Der Niedergang mehrerer Großbetriebe ging an dem Industriestandort nicht spurlos vorbei. Inzwischen führt Wittenberge jedoch vor, wie eine Stadt sich mit viel Engagement, Offenheit und intelligenten Lösungen neu erfinden kann.

Auf dem Weg zum aufstrebenden Wirtschaftsstandort zwischen Berlin und Hamburg hat sich der **Summer of Pioneers,** eine Initiative zur Digitalisierung und den Aufbau kreativer Communities auf dem Land, als Erfolgsmodell erwiesen. 2019 lockte er neue Menschen in die Stadt, von denen etliche hier heimisch wurden und das Gemeinwesen nun mit neuen Ideen und Initiativen bereichern und beleben – ein Modell, das jetzt auch andere Gemeinden zu kopieren versuchen und das in die ganze Prignitz ausstrahlt.

Industriegeschichte

Der Aufstieg Wittenberges zur Industriestadt begann um 1830. Damals sorgte der jüdische Kaufmann Salomon Herz für den Ausbau des Elbhafens. Er hatte erkannt, dass Wittenberge mit seiner Lage zwischen Hamburg und Berlin ein idealer Fabrikstandort sein könnte. Zum Wahrzeichen der von der Industrie geprägten Stadt wurde der rund

Bahn

- RE2 alle 60 Min., ca. 1 Std. 30 Min., oder ICE/IC ca. alle 2 Std., ca. 60 Min. ab Berlin Hbf

Fahrradrouten

- Tour Brandenburg
- Elberadweg
- Havelradweg

Nicht verpassen

- Bei thematischen Stadtrundgängen zum Thema Jugendstil oder Industriegeschichte mitmachen
- Auf den Singer-Uhrturm steigen
- Im Tauchturm oder dem Loft Spa der Alten Ölmühle abtauchen

www.alte-oelmuehle.com

Macht vor, wie sich eine alte Industriestadt neu erfindet: Wittenberge an der Elbe

Was tut sich hier?

Elblandwerker mit Co-Working-Space

2019 lockte der Summer of Pioneers 20 Neugierige unter günstigen Mietbedingungen nach Wittenberge. Daraus hat sich inzwischen die engagierte, rund 200 Mitglieder zählende Community Elblandwerker entwickelt, die die Stadt mit verschiedenen Projekten belebt. In Verbindung mit dem Technologie- und Gewerbezentrum (TGZ) ist ein gut ausgestatteter, Co-Working-Space im Industriegebiet entstanden, in dem man nicht nur kostenlos arbeiten, sondern sich auch in Sachen Ansiedlung und Existenzgründung austauschen und vernetzen kann. Ableger gibt es bereits in Perleberg und Pritzwalk.

www.elblandwerker.de
www.tgz-prignitz.de

Elbgarten und Stadtsalon Safari

Ein weiteres Projekt der Elblandwerker ist der **Elbgarten,** der gemeinschaftlich und ökologisch nachhaltig bewirtschaftet wird und sich für die Biodiversität auch in anderen Grüngebieten stark macht. Der **Stadtsalon Safari** am Bismarckplatz wiederum bietet gemütliche Räumlichkeiten mit Platz für allerlei kreative Ideen, die zum kulturellen Wandel in der Region beitragen sollen. Die Veranstaltungen reichen von Workshops und Lesungen über Musikevents und Tauschmärkte bis hin zum Erzählsalon, bei dem WittenbergerInnen und Zugezogene miteinander ins Gespräch kommen.

www.wittenberge-pioneers.de

Wo die Elblandwerker arbeiten: Co-Working-Space im Technologie- und Gewerbezentrum

50 Meter hohe **Uhrenturm** der einstigen Singer-, später Veritas-Nähmaschinenwerke. 1928 ursprünglich als Wasserturm zur Versorgung der Fabrik entstanden, ist er einer der größten Uhrentürme Europas. Heute nutzen kleine und mittelständische Unternehmen das riesige **Veritas-Areal,** rundum ragen imposante Speichergebäude aus Backstein mit roten Spitzdächern auf. Auch die alte **Ölmühle** von 1823 am Fluss, die erste Ölmühle Deutschlands, prägt die Silhouette. Inzwischen ist in den Komplex aus rotem Backstein ein komfortables Hotel mit Brauhaus, Loft Spa, Tauch- und Kletterturm neben der Fabrikantenvilla eingezogen. Im Sommer ist sie imposante Kulisse der **Elblandfestspiele.**

Mittelalter und Jugendstil

Einen ganz anderen Eindruck vermittelt das Stadtzentrum, in dem sich Bauten aus früheren Jahrhunderten erhalten haben. Ältestes Bauwerk ist das mittelalterliche **Steintor,** das auf die Stadtgründung durch die Familie Gans Edle Herren zu Putlitz zurückgeht und heute Teil des **Stadtmuseums** ist. Hauptsitz des Museums ist die so genannte Alte Burg, die bis 1780 Residenz der Adelsfamilie war und heute vom Leben der Ackerbürger und Industriebarone in Wittenberge erzählt.

Viel jünger ist das 1914 errichtete neobarocke **Rathaus** in der August-Bebel-Straße mit schönen Glasmalereien im Inneren und einem 51 Meter hohen Turm, der eine schöne Aussicht auf Stadt und Umgebung bietet. Nördlich davon, im Gründerzeitviertel Heisterbusch, gibt es weitere restaurierte **Jugendstilhäuser** zu entdecken. Besonders schöne Beispiele sind das Haus der vier Jahreszeiten in der Johannes-Runge-Str. 16 und die um 1905 erbaute Friedrich-Ludwig-Jahn-Schule.

Unweit davon überragt der historische **Wasserturm** mit Trinkhalle den Stadtpark. Noch ein Stück weiter nördlich konnte Walter Gropius bereits um 1912 herum mit der Siedlung **Eigene Scholle** seine Idee des rationellen Bauens verwirklichen.

Alte Ölmühle Wittenberge

Aus dem alten Industriekomplex ist ein rundum ansprechender Besuchermagnet geworden, der die verschiedensten Bedürfnisse abdeckt. Während im **Brauhaus** frisch gebrautes HerzBräu und herzhafte Küche serviert werden, lädt die ehemalige Fabrikantenvilla samt **Beach Bar** zum stilvollen Wohnen am Wasser ein. Andere Gebäudeteile haben sich in ein Hotel, ein **Loft Spa,** einen Tauch- und einen Kletterturm verwandelt. Alles zusammen gibt die imposante Kulisse für die Elblandfestspiele ab.

Bad Wilsnacker Str. 52 | www.oelmuehle-wittenberge.de

Lädt auch zum Tauchen und Klettern ein: die Alte Ölmühle

43 Wittstock

Fachwerkidyll im Wandel

Viel mittelalterliches Flair umweht die Bischofsstadt in der Niederung von Dosse und Glinze, die eine 2,5 Kilometer lange **Stadtmauer** umschließt. Dennoch bewegt sie sich mit ihrer Entwicklung auf der Höhe der Zeit. Einen deutlichen Schub hat ihr die Landesgartenschau 2019 versetzt, die nicht nur Kletterrosen an alten Gemäuern zum Blühen brachte. Mit ihr verwandelte sich auch das historische Bahnhofsensemble in ein zukunftsweisendes Dienstleistungszentrum mit Bürgerbüro, Touristinformation und Ärztehaus und die benachbarte Alte Schlosserei in ein Jugendzentrum mit Demokratiewerkstatt.

Während eine Heimkehrerbörse Zugzugswillige berät, soll ein Bildungscampus in der leerstehenden Alten Tuchfabrik am Dosseteich, einem stattlichen, sechsgeschossigen Industriegebäude mit Sheddachhallen und Fabrikantenvilla, jungen Menschen eine Bleibe-Perspektive eröffnen.

Seit 2021 gehört Wittstock auch zu den hundert „Engagierten Städten" Deutschlands, die beim Aufbau bürgerschaftlichen Engagements unterstützt werden. Neben der Einrichtung eines mobilen Bürgerservices hat sich die Stadt mit vielen anderen Institution, Firmen und Initiativen zum Verein Wachstumskern Autobahndreieck Wittstock/Dosse zusammengeschlossen, um Ideen und Ressourcen zu bündeln und die Region weiterzuentwickeln.

Bahn

- RE6 alle 60 Min. ab Spandau (1 Std. 30 Min.) oder Hennigsdorf (1 Std.)

Fahrradrouten

- Bischofstour
- Tour Brandenburg

Nicht verpassen

- Im Ostprignitzmuseum der Zeit des Dreißigjährigen Kriegs nachspüren

  www.mdk-wittstock.de
- In der Bücherquelle Café & Laden Lektüre und Biobrot einkaufen

  Gröperstraße 1
- Einen Abstecher zum Kloster Stift Heiligengrabe machen, rund 10 Kilometer westlich von Wittstock (8 Minuten mit der Bahn)

Mit seinem Marktplatz gehört Wittstock zu den „Engagierten Städten" Deutschlands.

Was tut sich hier?

Restaurant Markt 11 – das bewusst andere Restaurant

Als die Gastronomin Annett Münzer nach vielen Stationen in ganz Deutschland das Lokal ihrer Eltern am Markt in Wittstock übernahm, erfüllte sich ein Lebenstraum. Zusammen mit dem Koch Sebastian Witt hat sie ein Restaurant geschaffen, das in kein Schema passt: Café, Familienrestaurant und Feinschmeckertempel in einem. Von klassisch, modern, vegetarisch, vegan bis zur Gourmetküche findet sich etwas für jede und jeden. Fast täglich steht etwas anderes auf der Karte – klingende Gerichte ebenso wie Klassiker wie Soljanka oder Zanderfilet. Und natürlich kommen die Zutaten bevorzugt von regionalen Anbietern.

Markt 11 | www.markt-11.de

Lesewelt im Kontor

Ein schöneres Gehäuse für Bücher lässt sich kaum denken als das denkmalgeschützte, vorbildlich sanierte Fachwerkhaus, das als Teil einer Tuchmacherei bis ins späte 15. Jahrhundert zurückreicht. Dank des Fördervereins Lesewelt e. V. hat es sich in einen lebendigen Kulturort verwandelt. Hier kann man sich zur Lektüre in den Grünen oder Blauen Salon verziehen, im Flohmarkt stöbern, aber auch an Literaturcafés, Talkshows, Autorenlesungen oder Schreibwettbewerben teilnehmen. Durch die Aktivitäten des Vereins wurde auch der Wittstocker Chronist und Heimatdichter Hubert Boger (1921–2010) wiederentdeckt und sein Büchlein „Die Wittstocker Heide“ neu aufgelegt.

www.lesewelt-wittstock.de

Innerhalb der Stadtmauer

Mit seinen schönen Fachwerkbauten wird Wittstock oft als märkisches Rothenburg bezeichnet. Einzigartig ist die fast geschlossene **Stadtmauer** aus Backstein mit rund vierzig Wiekhäusern und dem Gröper Stadttor. Dazwischen führt ein Wanderweg durch alte Wall- und Parkanlagen. Im 10. Jahrhundert soll hier auch eine Burg gestanden haben, die später Residenz der Bischöfe von Havelberg war. Von ihr ist nur der 32 Meter hohe Torturm am Amtshof übrig geblieben, in dem sich heute das Ostprignitzmuseum vor allem der Zeit des Dreißigjährigen Kriegs widmet.

In nächster Nähe steht das im Fachwerkstil erbaute Teltow'sche Haus, das 1681 erste Poststation auf dem Weg von Güstrow über Wittstock nach Berlin war. Zentrum von Wittstock ist indes der Marktplatz mit allerlei Lokalen und Läden. Flankiert wird er vom Rathaus, das 1905 über einer mittelalterlichen Gerichtslaube entstand. Während Treppengiebel und Turm neugotisch sind, kann man – wochentags zu den Arbeitszeiten – im Inneren Jugendstilelemente entdecken.

Wahrzeichen von Wittstock ist die mächtige **St. Marien-Kirche,** eine dreischiffige Backsteinhallenkirche aus dem 13. Jahrhundert, die verschiedene Bauphasen erkennen lässt. Eine barocke Haube bekrönt den frühgotischen Turm, der eine tolle Aussicht bietet. Innen gesellen sich zur Wittstocker Madonna aus der Zeit um 1400 ein spätgotischer Schnitzaltar und eine Renaissancekanzel. Rundum haben sich einige schöne Fassaden im Jugend- oder Gründerzeitstil erhalten. Hinter einer von ihnen, an der Gröperstraße, verbirgt sich die mehr als 400 Jahre alte Adlerapotheke.

Ganz in der Nähe erhebt sich die gotische **Heiliggeistkirche**, die von 1300 an Kaufleuten und Reisenden als Andachtskirche diente. Den Rundgang sollte man mit einem Schlenker um den beschaulichen **Dosseteich** beschließen, der außerhalb der Stadtmauer hinter dem Röbeler Tor liegt.

Ostprignitzmuseum in der Alten Bischofsburg

Auf sieben Stockwerken thematisiert das Museum die allgemeine Stadtgeschichte von der frühen bischöflichen Zeit im Mittelalter bis zum DDR-Alltag des 20. Jahrhunderts. Neben einem Miniaturmodell der Stadt um 1600 werden alte Gewerke wie die Böttcherei oder die Glasmacherei vorgestellt. Ansonsten beeindrucken vor allem die Exponate zum Dreißigjährigen Krieg, dem einschneidendsten Ereignis für die Region. Schließlich war Wittstock 1636 Schauplatz einer seiner blutigsten Schlachten, bevor 1648 der Westfälische Friede den Krieg beendete. Daran erinnert – in nicht ganz so traumatisierender Form – das mehr oder weniger regelmäßig stattfindende Spektakel „Die Schweden kommen" mit 200 AkteurInnen aus Traditionsvereinen vor der historischen Kulisse der Stadtmauer.

Was tut sich hier?

Archäologie zum Anfassen

Ein reiches Erbe birgt der Archäologische Park im Ortsteil Freyenstein nordwestlich von Wittstock. Hier haben Grabungen die Reste einer mittelalterlichen Stadt zu Tage gefördert, die 1287 durch kriegerische Auseinandersetzungen komplett verwüstet wurde. Schöner anzusehen ist, was sich von der neu errichteten Stadt erhalten hat: die Marienkirche aus dem 14. Jahrhundert, das Wittstocker Tor, die malerische Ruine vom Alten Schloss im Renaissance-Stil mit Terracotta-Schmuck sowie das festungsartige, um 1650 erbaute Neue Schloss, das heute die Touristinformation mit Bibliothek und Standesamt beherbergt. Dafür, dass noch mehr Leben in das Gebäudeensemble des 850-Seelen-Dorfs einkehrt, setzt sich eine Kulturinitiative ein.

www.park-freyenstein.de

Friedensscheune Zempow

Nachdem sich der Verein Friedensscheune e. V. im Ortsteil Zempow erfolgreich gegen das geplante Bombodrom in der Region gewehrt hat, will er seine Erfahrungen für ein weitergehendes Engagement nutzen. Mit Workshops, geführten Touren und einer Ausstellung will er Kinder, Jugendliche und Erwachsene sowohl für die empfindliche Heidelandschaft als auch für die demokratischen Prozesse sensibilisieren, die ihren Erhalt bewirkt haben.

www.friedensscheune.de

Dank der Laga 2019 blüht es rund um Stadtmauer und Bischofsburg

44

Wusterhausen

Dossestadt auf neuen Wegen

Am Klempowsee, dem lauschigen Südende der Kyritzer Seenkette, liegt die alte Stadt Wusterhausen mit vielen denkmalgeschützten Gebäuden. Ihr Wahrzeichen ist die Backsteinkirche St. Peter und Paul.

Schon im 13. Jahrhundert erhielt Wusterhausen, das am Kreuzungspunkt von mehreren Land- und Wasserwegen liegt und Umschlagplatz des Salzhandels war, Stadtrecht. In dieser Zeit entstand die mittelalterlich geprägte Altstadt mit der gotischen Stadtkirche. **St. Peter und Paul,** einem dreischiffigen Sakralbau aus Feld- und Backstein. Das gewaltige Dach überspannt Kostbarkeiten wie eine hölzerne Kanzel aus der Zeit der Renaissance, Wandmalereien aus dem 17. Jahrhundert und eine prächtige Wagner-Orgel aus dem 18. Jahrhundert. Als Station auf dem Pilgerweg nach Bad Wilsnack steht die Kirche auch außerhalb der Gottesdienstzeiten BesucherInnen offen. Zu ihr gesellen sich Reste der Stadtmauer und viele sanierte Fachwerkhäuser aus späteren Jahrhunderten. Eine besondere Perle ist das barocke **Herbst'sche Haus** am Markt. 1764 errichtet, diente es lange als Wohnhaus und Poststation, bevor in ihm 2011 das innovative **Wegemuseum** eröffnet wurde.

Brache und Aufbruch

Es gibt allerdings noch so manche Baulücke zu schließen oder Industriebrache umzuwidmen. Zu der Kernstadt mit rund 2 700 Einwohnern gehören noch 21 weitere Ortsteile, hauptsächlich Dörfer, die mit einer schrumpfenden Einwohnerzahl, Überalterung und Leerstand zu kämpfen haben. Das erklärt, warum in Wusterhausen alters- und familiengerechtes Wohnen ein wich-

Bahn

- RB73, alle 60 Min. ab Neustadt/Dosse, bis dahin RE2, ca. 70 Min. ab Berlin Hbf

Fahrradrouten

- Radtour Historische Stadtkerne 3
- Fontane.Rad-Route

Restaurant See-Idylle

Hier kann man sich auf der wunderbaren Terrasse des Restaurants See-Idylle bei Fisch, Wild und vegetarischen Gerichten vom Blick über den Klempowsee verzaubern lassen.

An der Seemühle 4 | www.seeidylle.de

Die gotische Stadtkirche ist wieder Station auf dem Pilgerweg nach Bad Wilsnack

Was tut sich hier?

Projektladen Ma Kieken

Da Bildung und Jugendarbeit in einer schrumpfenden Stadt wichtiges Zukunftsthema sind, rüstet sich die Stadt nicht nur mit einem ambitionierten, modernen Bildungscampus für die Zukunft, der zurzeit die denkmalgeschützte Grundschule um Mensa, Bibliothek und Museumsdepot bereichert. In einem hübschen Fachwerkhaus am Markplatz ist auch der Projektladen Ma Kieken untergekommen, wo unter der Ägide des Vereins Landkulturjugend e. V. mit Sitz in Potsdam interkulturelle Wochen und andere Aktionen für Jugendliche gestartet werden. Übergeordnetes Ziel des Vereins ist es, junge Menschen stärker bei der Umsetzung ihrer Interessen zu beteiligen.

www.lkj-brandenburg.de

Wegemuseum

Mit einem bundesweit einmaligen Konzept ist 2011 das Wegemuseum angetreten. Neben der Dauerausstellung, die Stadt-und Regionalgeschichte unter dem Aspekt menschlicher Mobilität erzählt, sowie wechselnden Sonderausstellungen verfolgt das Museum den Ansatz, analoge und virtuelle Räume zu verknüpfen. So lädt es auch zu Erkundungen der Umgebung auf verschiedenen Wegen ein. Museale Objekte sollen dabei per GPS im realen Raum verortbar und erfahrbar gemacht werden. Zusammen mit Grundschülern hat das Museum bereits dem einstigen Verlauf der Dosse in der Stadt nachgespürt und ihn auf einem markierten Rundweg sichtbar gemacht.

www.wegemuseum.de

tiges Thema ist, das von einem neuen Bildungscampus und vielen Initiativen aufgegriffen wird. Außerdem wird unter dem Motto „Stadt Land Drohne" untersucht, ob die Versorgung im ländlichen Raum durch den Einsatz von Lieferdrohnen verbessert werden kann. In Sachen Mobilität steht unter anderem die Wiedereröffnung der Bahnstrecke Neustadt (Dosse)-Neuruppin auf der Wunschliste.

Einen beachtlichen Innovationsschub hat der Stadtgemeinschaft bereits vor einem guten Jahrzehnt das **Wegemuseum** versetzt, das zusammen mit Bibliothek, Touristinformation und der Galerie Alter Laden im Herbst'schen Haus untergebracht ist und in die ganze Region hineinwirkt. Während die Dauerausstellung anhand des Leitmotivs der Wege den Bogen von der slawischen Besiedlung über den Salzhandel im Mittelalter und frühere Pilgerströme bis zu den Flüchtlingsströmen nach dem Zweiten Weltkrieg spannt, laden Lesungen und Ausstellungen immer wieder auch zur Auseinandersetzung mit Gegenwartsthemen ein.

Vorbildlich saniert macht sich die alte Stadt auf den Weg in die Zukunft

Was tut sich hier?

Barsikow – ein Dorf mit Modellcharakter

Von außen mag das alte Straßenangerdorf mit 187 EinwohnerInnen recht unscheinbar wirken, doch der umtriebige Dorfverein Barsikow e. V. wurde für seine Aktivitäten schon mehrfach ausgezeichnet. Er betreibt nicht nur eine Pilgerherberge im Kirchturm der neugotischen Dorfkirche, auch die Jugendarbeit und Musikpflege werden nicht vernachlässigt. Besonders innovativ ist das Dorfmobil, ein Elektroauto, das sich die BürgerInnen nach dem Carsharing-Prinzip teilen. Wie lebendig es in der Dorfgemeinschaft zugeht, zeigt sich freitags und sonntags, wenn am Nachmittag der alte Konsum öffnet, aus dem der niederländische Ortsvorsteher und seine Frau ein gut frequentiertes Café mit Galerie, Bibliothek und Kulturveranstaltungen gemacht haben.

www.alterkonsum.de

Kino und Jazz in Lögow

Im Dorf Lögow, einem weiteren Ortsteil von Wusterhausen, hat Brandenburgs kleinstes Kino die ehemalige Dorfschule, ein über hundert Jahre altes Fachwerkhaus, wiederbelebt. Neben Filmvorführungen findet auch Jazz open air statt. So hat sich das gemütliche Kino auch zum Dorftreffpunkt entwickelt.

www.dorfkinoloegow.de

Liebe Leserinnen und Leser,

alle Angaben in diesem Reiseführer sind gewissenhaft geprüft. Trotz gründlicher Recherche unserer Autorinnen und Autoren können sich manchmal Fehler einschleichen. Wir bitten um Verständnis, dass der Verlag dafür keine Haftung übernehmen kann. Über Hinweise, Berichtigungen und Ergänzungsvorschläge freuen wir uns jederzeit:

via reise verlag
Lehderstraße 16–19
13086 Berlin
E-mail: post@viareise.de
www.viareise.de

1. Auflage 2022

ISBN 978-3-949138-15-7

Text & Recherche
Ulrike Wiebrecht

Redaktion
Nelly Möller

Layout & Gestaltung
Annelie Krupicka

Cover-Gestaltung
Nino Arndt, Annelie Krupicka

Umschlagkarte vorn
Annelie Krupicka

Druck
Druckhaus Sportflieger, Berlin

FSC www.fsc.org MIX Papier aus verantwortungsvollen Quellen FSC® C104586

Fotos
Ulrike Wiebrecht, außer:
ArTo/stock.adobe.com 19 o., 32–33, 51, 109, 163, 164–165; Artur Kozlowski 59; Babelsberger/Fotolia 149; Bildagentur Zoonar GmbH/Shutterstock.com 15; CeHa/stock.adobe.com 161; Comofoto/stock.adobe.com 41, 111; conuw/stock.adobe.com 47; EKH-Pictures/stock.adobe.com 36–37, 116–117; Falko Göthel/stock.adobe.com 159; Florian Amon 84–85; Gehkah/stock.adobe.com 134; ginton/stock.adobe.com 155; Gundula Vogel/pixabay.de 143; Ina Meer Sommer/stock.adobe.com 69, 70, 89, 90–91, 135; Isnurnfoto./stock.adobe.com 103; JKFotografie & TV/stock.adobe.com 27 u.; joergneufeld/stock.adobe.com 73; Johann Pavelka/stock.adobe.com 101; Jonathan Hübner 81; Kitty/Fotolia 71; Klaus Scheddel 19 u., 20–21, 28–29, 31 o., 45, 115; LianeM/Shutterstock.de 52–53, 133; LianeM/stock.adobe.com 93; lichtmensch/stock.adobe.com 139; Mario Hagen/stock.adobe.com 11, 153; Mistervlad/stock.adobe.com 123; modernmovie/stock.adobe.com 119; Oliver Gerhard 48–49; Patrycia/stock.adobe.com 98–99; Pavla Nejezchleba 8–9; Peter Macky 77 o.+u.; powell83/stock.adobe.com 124–125; RicoKödder/stock.adobe.com 31 u.; Rochu_2008/stock.adobe.com 126; silbertaler/stock.adobe.com 105; Sina Ettmer/stock.adobe.com 42–43, 97, 112–113, 150–151; Stefan Escher 56–57; Stephan Laude/stock.adobe.com 23; Thomas Jahnke/stock.adobe.com 130–131; Tilman Vogler Photography / www.tilman-vogler.com 4, 12–13; Tilo Grellmann/stock.adobe.com 7, 67, 106–107, 144–145; traveldia/stock.adobe.com 94–95; travelguide/Fotolia 87